江西财经大学信毅学术文库

北方农牧交错带农户生计转变及其驱动机制研究

邬志龙 著

中国财经出版传媒集团
中国财政经济出版社

图书在版编目（CIP）数据

北方农牧交错带农户生计转变及其驱动机制研究／邬志龙著. -- 北京：中国财政经济出版社，2019.10
（江西财经大学信毅学术文库）
ISBN 978 - 7 - 5095 - 9206 - 9

Ⅰ.①北… Ⅱ.①邬… Ⅲ.①农牧交错带－农业经济发展－研究－北方地区 Ⅳ.①F323

中国版本图书馆 CIP 数据核字（2019）第 190698 号

责任编辑：彭　波　　　　责任印制：党　辉
封面设计：王　颖　　　　责任校对：张　凡

中国财政经济出版社 出版

URL：http://www.cfeph.cn
E - mail：cfeph@cfemg.cn

（版权所有　翻印必究）

社址：北京市海淀区阜成路甲 28 号　邮政编码：100142
营销中心电话：010 - 88191537
北京财经印刷厂印装　各地新华书店经销
710×1000 毫米　16 开　11 印张　166 000 字
2019 年 10 月第 1 版　2019 年 10 月北京第 1 次印刷
定价：68.00 元
ISBN 978 - 7 - 5095 - 9206 - 9
（图书出现印装问题，本社负责调换）
本社质量投诉电话：010 - 88190744
打击盗版举报热线：010 - 88191661　QQ：2242791300

基金支持

本书获国家自然科学基金等系列基金项目支持,属于前期阶段性成果,2019年入选江西财经大学"信毅学术文库",获全额资助。

1. 国家自然科学基金项目"黄土高原区农户土地利用选择机制及其生态效应模拟研究"(No. 40871135);
2. 高等学校博士学科点专项科研基金资助课题"北方农牧交错带退耕政策和农户耦合机制及其生态效应模拟研究——以皇甫川流域为例"(No. 20120003110017);
3. 国家自然科学基金项目"乡村振兴背景下南方贫困山区农户生计转型研究:驱动机制、生态效应与优化调控"(No. 41861036);
4. 中国博士后科学基金面上一等资助项目"乡村振兴背景下鄱阳湖地区农户生计转型及其生态效应"(No. 2018M630738);
5. 江西省高校人文社会科学研究项目"鄱阳湖地区农户生计与乡村景观耦合演化:基于山盆系统典型村域的研究"(No. GL18238);
6. 江西省社会科学规划青年博士基金项目"鄱阳湖地区农村生计转型及其生态效应研究"(No. 17BJ38);
7. 江西省博士后研究人员日常经费资助"人地耦合视角下农户生计模式选择及其生态环境效应"(No. 2018RC29)。

总　序

　　书籍是人类进步的阶梯。通过书籍出版，由语言文字所承载的人类智慧得到较为完好的保存，作者思想得到快速传播，这大大地方便了知识传承与人类学习交流活动。当前，国家和社会对知识创新的高度重视和巨大需求促成了中国学术出版事业的新一轮繁荣。学术能力已成为高校综合服务水平的重要体现，是高校价值追求和价值创造的关键衡量指标。

　　科学合理的学科专业、引领学术前沿的师资队伍、作为知识载体和传播媒介的优秀作品，是高校作为学术创新主体必备的三大要素。江西财经大学较为合理的学科结构和相对优秀的师资队伍，为学校学术发展与繁荣奠定了坚实的基础。近年来，学校教师教材、学术专著编撰和出版活动相当活跃。

　　为加强我校学术专著出版管理，锤炼教师学术科研能力，提高学术科研质量和教师整体科研水平，将师资、学科、学术等优势转化为人才培养优势，我校决定分批次出版高质量专著系列；并选取学校"信敏廉毅"校训精神的前尾两字，将该专著系列命名为"信毅学术文库"。在此之前，我校已分批出版"江西财经大学学术文库"和"江西财经大学博士论文文库"。为打造学术品牌，突出江财特色，学校在上述两个文库出版经验的基础上，推出"信毅学术文库"。在复旦大学出版社的大力支持下，"信毅学术文库"已成功出版两期，获得了业界的广泛好评。

　　"信毅学术文库"每年选取 10 部学术专著予以资助出版。这些学术专著囊括经济、管理、法律、社会等方面内容，均为关注社会热点论题或有重要研究参考价值的选题。这些专著不仅对专业研究人员开展研究工作具有参考价值，也贴近人们的实际生活，有一定的学术价值和现实指导意义。专著的作者既有学术领域的资深学者，也有初出茅庐的优秀博士。资深学者因其学术涵养深厚，他们的学术观点代表着专业研究领域的理论前沿，对他们专著的出版能够带来较好的学术影响和社会效益。优秀博士作为青年学者，他们学术思维活跃，容易提出新的甚至是有突破性的学术观点，从而成为学术研究或学术争论的焦点，出版他们学术成果的社会效益也不言自明。一般而言，国家级科研基金资助项目具有较强的创新性，该类研究成果常常在国内甚至国际专业研究领域处于领先水平，基于以上考虑，我们在本次出版的专著中也吸纳了国家级科研课题项目研究成果。

"信毅学术文库"将分期分批出版问世，我们将严格质量管理，努力提升学术专著水平，力争将"信毅学术文库"打造成为业内有影响力的高端品牌。

王 乔
2016 年 11 月

前　言

乡村衰退，如人口空心化、土地抛荒、生态退化、贫困集聚等，是农村社会经济发展面临的现实严峻问题。鉴于此，为提高农民收入、加快农村建设，促进农业发展，我国政府高度重视，陆续出台实施了退耕还林、取消农牧业税、新农村建设、精准扶贫等系列政策、工程措施。2018年中央"一号文件"《中共中央 国务院关于实施乡村振兴战略的意见》更是明确地提出要振兴中国农村发展，将其提升到国家战略高度，以实现农村地区"产业兴旺、生态宜居、乡风文明、治理有效、生活富裕"的总目标。这一系列政策、工程的共同点在于都是为了转变农村地区失衡的人地关系，提高农民可持续生计。然而，这些项目工程是否足以修正乡村失调人地关系、是否取得相应的预期效果仍然有较大争议，对下一步的乡村振兴是否有所启示？农户生计视角也许能为乡村振兴找到出发点和落脚点。

生计转型是指农户赖以生存、生活的职业或产业发生根本转变，农民对农业生产与农村土地依赖性由强渐弱、逐步致富的演变过程。在微观农户层面，指农户最终发展为农业大户、职业农民，或由纯农户向一兼户、二兼户、三兼户、非农户的渐次转变；在宏观层面，指农户生计多样化、非农化程度的逐步增加。农户生计的转变必然引发农村资源环境效益的变化，需要有效的调控引导。然而，国内外对农户生计的研究大多基于静态视角的截面比较，时序性不强，对相关驱动因素的分析也多从单一因素切入，缺乏系统深入的分析。因此，基于动态视角，从微观农户、村域、县市域、大区域（流域）等多尺度、多维度研究农村地区尤其是生态脆弱区的农户生计转变过程、格局、效应及其驱动机制是振兴农村发展的现实需求，也是相关学科建设的丰富拓展。

本书是在作者博士论文基础上进一步修改完善而来，基于2002~2015

年长时间序列的农户调研数据,深入分析退耕还林政策实施以来农牧交错带准格尔旗农户生计转变的过程、格局及其社会经济效应,揭示农牧交错带一般性生计策略/模式及其转变规律、趋势、存在问题,并从宏观、区域、微观三个层次全面、系统、深入地探索农户生计转变的驱动机制,以期为引导农户可持续生计转型和振兴乡村发展提供政策建议。本书结构一共分为七章:

第1章:绪论。主要阐述本书选题背景、意义,梳理国内外研究进展、热点、趋势,界定本书研究的关键科学问题,明确研究目标、研究内容,制定研究方案与技术路线,合理选择相关理论、方法支撑。

第2章:研究区概况与历史背景。根据已有文献资料和野外考察,全面总结分析研究区地理环境特征,包括气候、地质地貌、土壤、水文、植被等自然环境要素和社会、经济、人口发展等人文环境要素,并对研究区进行综合地理区划,分析其地域分异规律,厘清研究区农户生计早期演变历史及退耕还林实施情况,为研究准格尔旗农户生计的时空变化奠定基础。

第3章:农户生计转变:过程、格局与效应。通过构建农户生计转变的动态分析框架,着重从生计策略和生计结果两方面来分析准格尔旗农户生计转变过程、格局和效应。具体包括:对农牧交错带农户生计策略的归纳划分、基于长时间序列数据的生计策略演变分析并厘清其驱动事件、基于退耕前后两期数据的农户生计空间格局对比分析;基于长时间序列数据,动态分析农户家庭纯收入、生计多样性等生计结果变化情况,界定农户生计转变的经济效益和社会效应。

第4章:退耕还林政策(宏观因素)的生计影响机制:对生态扶贫的启示。理论阐述退耕还林对农户生计的影响途径、方式,并构建倍差法模型,分阶段(退耕阶段、巩固阶段)深入分析、论证退耕还林政策对农户家庭纯收入、生计多样性等生计结果的影响;并运用能值分析方法,评估准格尔旗农户农牧业系统在退耕还林实施前、中、后期的变化;基于对退耕还林这一著名生态政策的生计效应分析,讨论对我国未来生态扶贫政策的启示。

第5章:地理环境(区域因素)与农户生计耦合机制:对乡村振兴的启示。根据综合地理区划选择典型村域,通过 Kruskal – Wallis H 非参数检验,探索研究区农户生计多样化与村域地理环境的耦合关系、作用机制,并讨论对我国乡村振兴战略实施的政策建议。

第6章：农户资产禀赋（微观因素）与生计策略选择机制。构建生计资产评估体系，从农户自身资产禀赋视角出发，通过无序多分类逻辑回归模型探索各项生计资产对农户生计策略选择的作用。

第7章：研究结论与政策启示。总结归纳农牧交错带农户生计转变规律性特征、趋势，厘清影响农户生计转变的复杂因素及其内在驱动机制，提出改善、提高农户可持续生计的措施建议，以及进一步凝练对时下国家乡村振兴和生态扶贫战略的政策启示。

本书的出版得到了江西财经大学学术文库全额资助，前期研究工作得到了国家自然科学基金项目"黄土高原区农户土地利用选择机制及其生态效应模拟研究"（No.40871135）、高等学校博士学科点专项科研基金资助课题"北方农牧交错带退耕政策和农户耦合机制及其生态效应模拟研究——以皇甫川流域为例"（No.20120003110017）、国家自然科学基金项目"乡村振兴背景下南方贫困山区农户生计转型研究：驱动机制、生态效应与优化调控"（No.41861036）、中国博士后科学基金面上一等资助项目"乡村振兴背景下鄱阳湖地区农户生计转型及其生态效应"（No.2018M630738）、江西省高校人文社会科学研究项目"鄱阳湖地区农户生计与乡村景观耦合演化：基于山盆系统典型村域的研究"（No.GL18238）、江西省社会科学规划青年博士基金项目"鄱阳湖地区农村生计转型及其生态效应研究"（No.17BJ38）、江西省博士后研究人员日常经费资助"人地耦合视角下农户生计模式选择及其生态环境效应"（No.2018RC29）等课题的联合资助。在新时代乡村振兴战略背景下，农户生计与乡村转型发展是一项复杂的系统工程，这一系列课题研究沿着农户生计主线从不同学科、不同领域、不同地域深入展开，为本书的阶段性成果奠定了基础。

本书适合管理学、地理学、生态学、社会学、经济学等不同学科从事土地资源管理、环境管理和人口、资源、环境经济学专业的本科生和研究生阅读，也可作为政府部门从事"三农"工作人员的参考用书。

作者

2019年5月

目 录

第1章 绪论 ·· 1

    1.1 研究背景 ·· 1

    1.2 研究目的与意义 ·· 3

    1.3 国内外研究进展 ·· 4

    1.4 相关理论 ··· 12

    1.5 研究内容与研究方法 ·· 17

第2章 研究区概况与历史背景 ·· 21

    2.1 地理环境概况 ·· 21

    2.2 退耕还林实施情况 ··· 34

    2.3 农户生计演变历史 ··· 36

第3章 农户生计转变：过程、格局与效应 ···································· 39

    3.1 生计转变分析框架 ··· 39

    3.2 数据与方法 ··· 40

    3.3 生计模式/策略时空演变 ··· 43

    3.4 生计结果变化 ·· 50

    3.5 本章小结与讨论 ·· 56

第4章 退耕还林政策生计影响机制：对生态扶贫的启示 ····················· 59

    4.1 理论分析：生计减贫与生态建设 ···································· 59

    4.2 数据与方法 ··· 61

  4.3 研究结果 …… 69
  4.4 本章小结与讨论 …… 76

第5章 地理环境与农户生计耦合机制：对乡村振兴的启示 …… 81

  5.1 理论分析：生计多样化与地理耦合 …… 81
  5.2 数据与方法 …… 83
  5.3 典型村域地理环境 …… 85
  5.4 典型村域农户生计 …… 88
  5.5 本章小结与讨论 …… 94

第6章 农户资产禀赋与生计选择机制 …… 101

  6.1 理论分析 …… 101
  6.2 数据与方法 …… 102
  6.3 结果分析 …… 105
  6.4 本章小结 …… 107

第7章 结论与讨论 …… 108

  7.1 主要结论 …… 108
  7.2 政策启示 …… 111
  7.3 创新点与不足 …… 113

附录 …… 115
参考文献 …… 135
后记 …… 163

第1章 绪　　论

1.1 研究背景

自1978年改革开放以来，中国社会经历了快速工业化和城镇化，社会经济发展取得了举世瞩目的成就，但城乡发展严重失衡，"三农"问题日益突出（党国英，2008；邓正来，2011；Liu et al.，2013）。以城乡居民收入为例，1978年城乡居民人均纯收入分别为343元和134元，到2014年城乡居民人均纯收入分别为29381元和9892元，城乡居民收入差距从209元扩大到19489元（国家统计局，2015）。作为发展中的大国，我国贫困人口规模巨大，大多集中于农村地区，截至2015年年底，我国处于绝对贫困线以下的农村贫困人口仍有7017万之多（刘彦随等，2016）。农村发展滞后，贫困人口集聚，同时还伴随着空心化与土地抛荒（Long et al.，2012；徐洁，2014；王鑫林，2013）、生态退化与环境污染（段华平等，2010；魏晋等，2010；李君等，2011）等一系列问题。为提高农民收入、加快农村建设，促进农业发展，近年来我国政府陆续出台实施了退耕还林、取消农牧业税、新农村建设、精准扶贫等系列政策和工程措施，使广大农村地区发生了深刻的变革（Liu et al.，2011）：农业重组（Long and Woods，2011），结构性就业转变（Mullan et al.，2011；Hu et al.，2011；Liu，2014），科技革新和农业现代化等（Siciliano，2012）。这些政策和变革，其出发点和落脚点都可以归结为保障和促进农户的可持续生计。事实证明，在过去几十年快速城镇化、工业化背景下，中国农村农户生计发生了重大转变：不仅在农业部门内农户生产生活与谋生手段有较大改变（Tang et al.，2013；Liu and Liu，2016），而且有大量农户转入非农部门就业（Mullan et al.，2011；Hu et al.，2011；Liu，2014）。因此，厘清我国农户生计现状、特点及变化趋势，保障农户可持续生计成为"三农"问题解决的关键切入点，近年来也日渐成为各国学者的研究热点。

农牧交错带是农田与草地大面积交错出现（赵松乔，1953）、种植业与畜牧业相互重叠的复杂景观区域（赵哈林等，2002），由于干旱半干旱气候，区域内生态/环境和社会经济活动均处于相变的临界区间，极为**脆弱敏感**（程序，1999）。农牧交错带内农牧民历来传承着"为养而种、种养结合"、依赖畜牧业"过腹增值"的传统农牧业生计（任继周等，1995；韩建国等，2004），由于干旱缺水与较低的农业生产力，使农牧民生计显得尤为艰难（Hunsberger，2010）。农牧交错带是典型的生态脆弱区、贫困区和多民族聚居区（赵松乔，1953；刘洪来等，2009），研究农牧交错带农户生计转变具有典型代表性。

本书选取内蒙古自治区鄂尔多斯市准格尔旗作为研究区，一则因为准格尔旗近年来社会经济发展迅速，城镇化与工业化程度较高，第二、第三产业产值比重从1990年的59.13%增至2014年的99.15%（准格尔旗统计局，2015），农户生计转变过程完整、特征明显；二是因为准格尔旗作为资源型城市矿产资源丰富，过去几十年社会经济发展主要依赖于资源消耗，其发展路径与全国总体情况一致，研究其农户生计变化具有代表性；三是准格尔旗地处北方农牧交错带，农户农业生计内容更为丰富、特点更为显著，且生态环境脆弱、多民族杂居、农村贫困典型，其农户生计转变过程具有典型性。2002年准格尔旗正式实施退耕还林工程项目，农户生计被迫快速转变（Tang et al.，2013；Liu and Lan，2015）。因此，以退耕还林工程为标志，本书基于2002~2015年长时间序列的农村调研，围绕三个科学问题展开研究：（1）农户生计转变有哪些规律性特征、趋势？存在哪些问题？（2）影响农户生计转变的因素有哪些？其内在驱动机制如何？（3）如何保障农户可持续生计？

1.2 研究目的与意义

1.2.1 研究目的

基于2002~2015年长时间序列数据，深入分析退耕还林政策实施以来准格尔旗农户生计转变的动态过程，揭示农牧交错带一般性生计策略/模式及其转变规律、趋势、存在问题，并从宏观、区域、微观三个层次全面、系统、深入地探索农户生计转变的驱动机制，为促进保障农户可持续生计提供政策建议。

1.2.2 理论意义

农牧交错带，相对于其他地区，生态/环境脆弱、社会经济影响因素复杂、农村可持续发展能力较弱。本书选取农牧交错带内高度城镇化与工业化的准格尔旗为研究案例，总结归纳农牧交错带一般性生计策略/模式及其规律性，基于长时间序列数据对准格尔旗农户生计转变的动态过程作深入分析，并从宏观、区域、微观三个层次全面系统地探索农户生计转变的驱动机制，可以有效地丰富可持续生计理论、人地关系理论等相关内容。同时，本书采用多层次计量模型，进一步丰富了可持续生计研究的数理方法。

1.2.3 实践意义

改革开放以来，中国社会经济虽然取得了长足发展，但城乡发展失衡，农村发展滞后，农村贫困形势依然严峻。通过对准格尔旗农户生计转变的动态解析，有利于揭示城镇化、工业化背景下农户生计的变化趋势，科学认识生态脆弱区农户生计的影响因素及其驱动机制，为保障农户可持续生计、有效消除贫困提供科学依据和实际指导，并且有利于维护、巩固退耕还林工程成果，促进农村可持续发展。

1.3 国内外研究进展

1.3.1 农户界定

农户（rural household），顾名思义，"农"具有农村、农业的含义；"户"指"住户"，是在一定地域空间上具有血缘关系的人口组合；农户指居住在农村、从事农业生产、具有农业户籍的以婚姻、血缘关系为纽带组成的社会经济组织。农户既是一种生活组织，又是一种生产组织，是生产与消费的统一体（王平达，2000）。农户在农民和村庄主体之间，是"三位一体"的微观经济主体、家庭组织单位和社会控制单位，既有微观个性又有宏观群体行为特征（赵靖伟，2011）。农户概念兼有身份、职业、区位三种含义（贾驰，2012）：一是农民身份，家庭成员为农村户籍，在中国现行人口管理制度下，农民身份的社会保障、福利待遇、政治地位相对城市居民较低，按农村户籍划分的户为身份农户；二是农民职业，家庭成员以务农为主，非农收入比重较低，这样的户为职业农户；三是农村居住，凡是长期在农区居住的户，不论是城市户口还是农村户口，都认为是农户。不同学者对农户的理解有所不同。蔡立旺（2004）认为农户是完全或部分从事农业生产、由婚姻和亲属关系组成的农村家庭，采用的是职业划分。冯茹（2015）将农户理解为"农村居民住户"的等义缩略形式，采用的是区位划分。李小建（2009）认为，按照中国的户籍制度定义，农户是指拥有农村户口的居民以家庭契约关系组合的社会经济组织，采用的是身份划分。张建杰（2004）认为农户主要是指区位农户，同时也兼有职业农户的含义，采用的是区位兼职业的综合划分。

随着城镇化与工业化进程，社会经济结构加快转型，农户就业渠道和方式日趋多样化，有更多的农户从事非农就业，甚至完全脱离农业部门到城市去生活，农户的异质化程度在加深，这为准确定义农户、更好地研究农户生计转变带来了不便。鉴于研究需要，本书采用身份划分，按照中国的户籍制度定义，同时采用广义农户的概念，包括从事畜牧业的牧户在内，即：农户是户口在农村的居民以血缘关系为纽带组合而成的微观经济组织。

1.3.2 可持续生计

农户生计研究，最早见于20世纪80年代Robert Chambers关于贫困和农村发展的著作（Chambers，1992），认为生计研究可以用作贫困问题评价和解决的途径。生计分析为减贫工作提供了新的视角，它将人们由注重收入的提高转向注重谋生能力的提高。不同学科研究侧重点不同，对生计的定义也略有不同，目前被广泛接受和采用的是英国国际发展机构（DFID）定义的生计（livelihood）概念：生计指人们谋生的手段和方式，包括决定个人或家庭生产生活的资产、活动以及获得这些资产或进行相关生计活动的途径和权利（制度、社会关系）（Chambers，1992；Ellis，2000；Sen，1997；Carney，1998；Scoones，1998；Block，2001；Tang et al.，2013）。

20世纪80年代在可持续发展理论下世界环境和发展委员会首次提出"可持续生计"（sustainable livelihoods）概念，将支持、鼓励稳定性生计作为消除贫困的手段。1995年《哥本哈根宣言》写道："社会经济政策的首要目标应是促进人们充分就业，使所有社会居民可以自由择业，最终获得可靠、稳定的生计"。纳列什·辛格等（2000）认为，可持续生计就是现在或将来人们所能选择利用的资源和就业机会，且不妨碍他人谋生，具有一定的稳定性。Scoones（1998）认为农户生计由农户自身能力、拥有的资产（包括有形资产和无形资产）和从事活动构成，当面临压力和冲击时，能在不过度消耗自然资源前提下恢复甚至改善其能力和资产，则为可持续生计。联合国开发计划署对可持续生计的内涵概括为：在灾害情况下的恢复力；维持家庭生产的经济收益；人与自然间的和谐、均衡发展；既满足当代发展又不影响下一代发展的代际公平。综上所述，可持续生计是指个人或家庭为获得稳定而较好的生活水平所拥有的谋生能力、资产和收入活动。

1.3.3 生计分析框架

世界银行（World Bank）、英国国际发展机构（DFID）、英国Sussex大学发展研究所和一些非政府组织（NGO）等提出了多个生计研究框架（Carter，1999；Scoones，1998；Collier，1998；Frankenberger，2000；Neefjes，2000）。应用较为广泛的主要有联合国开发计划署（UNDP）、关怀国际（CARE）、英国国际发展署（DFID）和Turner等（2003）提出的生计分析框架。其中，UNDP可持续生计分析框架重视各生计要素的协同作用及其整体发展，并构建了包含投入、产出、影响、过程、结果等系列生计分析指标。UNDP通过对穷人资产的分析，强调应重视人们的才能、知识和技术，并重新定义"发展"为：尽可能地塑造良好的环境促进人们提高自身能力、发掘潜能并最终得以获得可持续生计。

CARE的生计安全框架认为，农户生计策略由个人能力（如教育、技能、健康、心理）的具备，资产（储备、资源、所有权）的可获得性和存在的经济活动三者共同决定。该框架的核心是农户能力、资产和所从事的活动3个要素，其优点是更好地区分开农户能够直接控制的家庭资产和当地家庭所拥有的公共资产。

Turner等（2003）为评估人地耦合系统的可持续性，发展出一套生计脆弱性综合分析框架，阐述了生计脆弱性分析的复杂性和内在关联性，侧重关注影响农户生计脆弱性的系列因素及其潜在影响。在生计脆弱性分析过程中，Turner分析框架主要由以下元素组成：（1）多层次的内在联系的干扰源和压力源，包括框架核心部分的因子及其效果；（2）在干扰源和压力源之外的暴露度，包括人地耦合系统受脆弱性因子影响的方式途径；（3）耦合系统的敏感性；（4）系统反应、应对能力，即：弹性；（5）系统结构重组的调整、适应能力；（6）脆弱性、耦合系统和响应的标准化动态及其嵌套标准的处理。在此框架内，脆弱性系统由暴露度、敏感性和弹性，及系统内不同组分的内在联系组成。此框架主要强调生物物理学子系统和社会的反馈作用，一个子系统的变化也将影响其他子系统。

再者是英国国际发展机构（DFID）于 2000 年提出的可持续生计分析（sustainable livelihood analysis，SLA）框架（DFID，2000），此框架目前最为学者认同并且应用最为广泛，如图 1-1 所示，该框架主要由脆弱性背景、生计资产、结构和制度的转变、生计策略和生计结果五个部分组成，其核心思想是将农户看作在特定的脆弱性背景下，通过组合使用所拥有的生计资产及其他因素制定相应的生计策略，从而获得一定生计产出和达到其生计目标，这一过程同时也受"组织结构和制度过程"的影响（苏芳等，2009；何仁伟，2013）。DFID 模型具有以下优点：（1）基于 Sen（1997）等对贫困性质理解的理论基础，把研究的视角由收入的提高转为农户生计的可持续提高；（2）提供一份关于发展和减贫研究的重要问题清单，并总结这些问题之间的联系；（3）强调重视关键的影响和过程；（4）关注不同影响因素之间的多重互动；（5）规范生计研究工作，使之成为一种单独的、可共享的发展规划方法；（6）既能指导整体生计战略的分析，又能分析单个家庭生计的限制条件。DFID 分析框架同样也存在较多缺点，例如，此框架需要大量资源和较高难度的技巧因而难以落到实地；对农户适应性生计的生态效应缺乏足够重视（Ashley，2000；Small，2007）；强调生计资产的储量而忽视能作出生计贡献的动态生计资产流量（Reed，2013）；未能提供确切的生计资产定量衡量方法；对生计转变结构和过程描述的含混不清；等等。

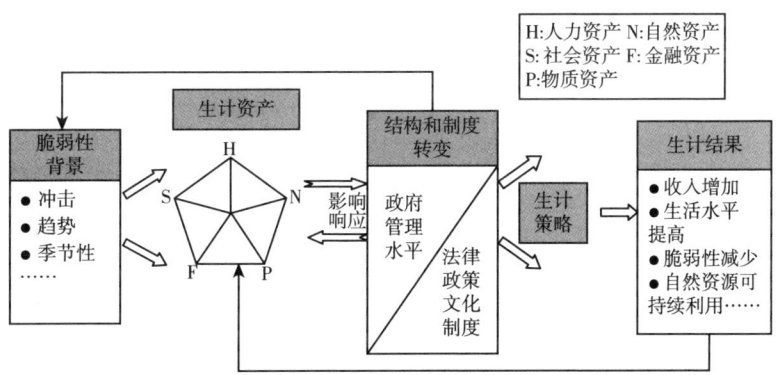

图 1-1　可持续生计分析框架

资料来源：DFID，2000。

此外，各国学者基于以上框架演化、构建了多种生计分析框架。Bebbington（1999）就农村贫困和可持续生计问题，衍生出一套生计分析框架，集中关注于生计资产的获得、分配、使用和扩大；Salafsky 和 Wollenberg（2000）发展一套概念性框架，从物种种类、栖息地、空间、时间和保护协会 5 个维度设置标准去评价人类需求与生物多样性多保护的有效结合；Reed（2013）综合 SLA 的理论视角和其他分析框架（包括生态系统服务框架、扩散理论、适宜性管理和转变管理）用以分析气候变化影响下农户生计脆弱性；Chinwe Ifejika Speranza 等（2014）从缓冲能力、自我组织能力和学习能力三个维度构建了指标体系框架用以分析生计弹性。Rounsevell 等（2010）构建了生态系统服务供给框架（FESP），用以评价环境变化驱动因子对生态系统服务供给的影响及其政策、管理响应。

以上分析框架的设计要么侧重生计问题分析的全面性和整体性，缺乏针对性和可操作性，如 UNDP、CARE 和 DFID 生计分析框架；要么针对生计问题下的单个、片面问题的研究，缺乏全局性和系统性，如 Reed（2013）和 Chinwe Ifejika Speranza 等（2014）的框架，仅仅注重于生计脆弱性和生计弹性。

1.3.4　生计脆弱性

生计脆弱性是贫困的重要特征，是指在面临危险、冲击和压力时，农户生计抵御能力不足、不安全和受影响程度（Chambers，1989）。国内对农牧户生计的脆弱性研究主要包括农牧户生计风险分析、农牧户抗风险能力分析及风险适应性分析 3 方面（何仁伟等，2013）。谷雨等（2013）建立了评估农牧户生计脆弱性的分析框架和指标体系，对重庆市合川区纯农牧户、外出务工农牧户、当地非农就业农牧户三种类型农牧户的生计脆弱性程度及影响因素进行了分析；苏飞等（2013）通过对杭州市农民工生计资产的评估，分析生计脆弱性及其影响因素；刘进等（2012）运用 GIS 与 BP 神经网络模拟法，对云南省宜良县的农牧户生计脆弱性进行了空间模拟分析；苏芳和尚海洋（2012）运用多元 Logit 模型对黑河流域张掖市农牧户风险应对策略的影响因素进行了实证分析，提出可以通过增加金融资产、提升农牧户的人力资产等措施,增强农牧户的抗风险能力;阎建忠等(2011)通过对青藏高原东部样带农牧民生计的定量分析,认为环境脆弱、生计资产不足和适应能力缺乏是造成农户生计脆弱的根本原因,强调应重视增强农户的适应能力。生计脆弱性研究普遍认为,生计脆弱的根源在于资源贫乏和缺少非农就业机会(Ellis and Bahiigwa, 2003a, 2003b)。

1.3.5 生计资产

生计资产是指在自然、社会、经济系统中具有一定稀缺性能够被人们以某种生计活动加以开发利用从而获取生存必需品的那部分资源,它不仅包括金融财产(如存款、生意等),还包括个人的知识、技能、社会关系和影响其生活相关的决策能力,一般可归纳为自然资产、物资资产、人力资产、金融资产和社会资产五种类型。生计资产在很大程度上决定并代表着农户的生计现状和生计水平,因此,大量的研究以生计资产去评估、衡量农牧户的生计水平,然而这种生计资产评估方法工作量大而繁杂且没有统一定量的指标。在SLA框架中,通过构建几何五边形表达生计资产的计量:即五边形中心点表示资产为零,五边形顶点表示五类资产的最大值(DFID, 2000);汤青等(2013)在SLA框架基础上构建了可持续生计效益评价模型,对农牧户可持续生计效益进行了分级评价,并分析了不同类型农牧户的可持续生计效益差异;谢东梅(2009)通过生计资产的量化判断农户整体生活状况,为贫困农户保障金额的公平给付提供依据;徐鹏等(2008)利用因子分析法建立生计资产评价体系,对我国西部10县区的农户生计状况进行了评价;向楠等(2015)通过对湖南省沙塔坪乡农户生计资产的评估分析,认为金融资产和人力资产的缺乏是造成农户贫困的主要原因。

1.3.6 生计策略/模式

生计策略(livelihood strategy)是指人们为改善自身生活条件,追求能带来效益的生计产出,采用的一种资产利用配置和经营活动组合的选择

（蒙吉军等，2013），受地理条件、资源可获得性、社会经济、政策制度和文化风俗等多种因素的影响（Ellis，2002，2007）。不同的生计策略在类型上可表现为一定的生计模式、生计形态或农户类型。不同地区的农户生计以各种形态出现，基于不同标准可以将其划分成不同模式（见表1-1）。目前较为常用的划分标准有农户收入结构和职业（Sunderlin et al.，2005；Kibwage et al.，2009；Babulo et al.，2008，2009；Tesfaye et al.，2011；Soltani et al.，2012；Alemu，2012）、地理位置（Xu et al.，2012；Fang et al.，2014）、资产获得途径（McLennan and Garvin，2012；Duguma，2013）、资产丰裕度（Howe and Mckay，2007；Kamanga et al.，2009；Mahdi et al.，2009；Dhakal et al.，2011；Veisi et al.，2014）以及其他综合因素（Ansoms et al.，2010；Liu and Liu，2016）。农户生计策略划分没有统一可用的方法，仍有待进一步完善提升。

表1-1 生计策略/模式研究文献归纳

生计模式	划分依据	作者	研究区
狩猎与采集，刀耕火种，森林边缘的固定农业	收入结构与职业	Sunderlin et al.（2005）	发展中国家
烟草种植，非烟草种植	收入结构与职业	Kibwage et al.（2009）	肯尼亚
低度依赖，中等依赖，高度依赖，非常依赖森林采集	收入结构与职业	Babulo et al.（2008，2009）	埃塞俄比亚
基于商业、种植业、林业、畜牧业和多样化策略	收入结构与职业	Tesfaye et al.（2011）	埃塞俄比亚
林业/畜牧业，混合型，非农就业/商业策略	收入结构与职业	Soltani et al.（2012）	伊朗
纯农业，农业和非农业，非农业，零劳动力	收入结构与职业	Alemu et al.（2012）	南非
河谷定居户，山腰定居户，高山定居户，搬迁户	地理位置	Fang et al.（2014）	中国
典型草原农户，草甸草原农户，荒漠草原农户，农牧交错带农户	地理位置	Xu et al.（2012）	中国

续表

生计模式	划分依据	作者	研究区
小块林地，房屋周边树木和灌丛种植，林地周边和灌丛种植（获取薪柴）	资产获取途径	Duguma（2013）	埃塞俄比亚
Parceleros（通过政府分配获得土地），Ganaderos（通过买卖和继承获得土地）	资产获取途径	McLennan et al.（2012）	哥斯达黎加
贫困户，中等收入农户，较不贫困户	资产丰裕度	Kamanga et al.（2009）	马拉维
中等贫困，极度贫困	资产丰裕度	Howe et al.（2007）	卢旺达
贫困户，中等收入户，富裕户	资产丰裕度	Dhakal et al.（2011）	尼泊尔
低收入群体，中等收入群体，高收入群体	资产丰裕度	Mahdi et al.（2009）	印度尼西亚
较好组，中等组，贫困组	资产丰裕度	Veisi et al.（2014）	伊朗
非农就业主导型，均衡型，非农型，闲散型，专业型，传统型	生计活动：非农就业和土地流转	Zhaoxu Liu.（2016）	中国
农村创业户，社团参与户，富饶地区资源丰富，资源贫瘠户，孤立地区农户，女性当家户	综合因素	Ansoms et al.（2010）	卢旺达

左停和王智杰（2011）研究了农户生计策略形成的原因、制约因素、问题和前景，并分析了我国相关政策对农户生计可持续性的影响。蒙吉军等（2013）、赵雪雁等（2015）、梁义成等（2011）、蒲春玲等（2011）、杨培涛等（2009）对农牧户生计策略的影响因素进行了实证分析，认为生计资产、生态补偿及生态保护等国家政策是影响农牧户生计策略的重要因素，且生计资产对生计策略选择有决定性的影响。

1.3.7 生计转变

在现有文献中，对农户生计转变的研究大部分集中在对生计策略或生计结果的两期或多期数据的对比（Radel et al.，2010；Mushongah and

Scoones, 2012; Ulrich et al., 2012; Tang et al., 2013; Zhen et al., 2014),也有一些研究基于农户回忆数据做长时间序列的动态分析（Liu and Liu, 2016）。然而，由于生计转变是一系列的动态过程，不论是基于两期或多期数据的对比分析还是基于回忆数据的动态分析都不够准确。而对农户生计转变驱动因素的探讨，现有研究显得零散片面而不成系统，现阶段研究的主要热点驱动因素有气候变化（吴芳等，2015；Cooper and Wheeler, 2015；张钦等，2016）、退耕还林政策（谢旭轩等，2010；郭欢欢等，2011；杨皓等，2015；Liu and Lan, 2015）、生态移民工程（李芬等，2014；冯利盈等，2015；Sayatham and Suhardiman, 2015）、旅游开发与自然保护区设定（Mbaiwa, 2011；贺爱琳等，2014；王新歌和席建超，2015；尚前浪，2015；Nakakaawa et al., 2015）、城镇化（李博和左停，2015；Tian, 2016）等对农户生计的影响。但这些研究都只是针对单独某个因素的驱动分析，因为影响农户生计的因素复杂多样且同时作用（Ellis, 2002, 2007），这些研究具有一定偏差和片面性。农户生计动态选择与转变是农户应对诸多社会经济变化的综合考量和结果，因此需要建立在长时间调研和综合全面信息的基础上（Mattison and Norris, 2005）。

1.4 相关理论

1.4.1 可持续发展理论

可持续发展指既能满足当代人的需求，又不对后代人满足其需求能力构成危害的发展（世界环境与发展委员会，1987）。"可持续发展"1972年在斯德哥尔摩举行的"世界人类环境大会"上最初提出，至今已被全世界广泛接受并成为各国社会经济发展的目标。人们对可持续发展内涵的理解和认知，经历了从生存到发展，再从发展到可持续发展的漫长过程，可持续发展理念已深深影响着各地社会经济发展。牛文元（2012）指出，处理好人与人之间的关系是可持续能力的"软支撑"，是对可持续发展战略的"内部响应"；而处理好人与自然之间的关系是可持续能力的"硬支撑",是对可持续发展理论的"外部响应"。陆大道(2012)指出,实现区域可持续发展所要解决的核心问题和共性问题是人口(population)问题、资源(resource)问题、环境(environment)问题以及发展(development)问题,简称 PRED 问题。区域可持续发展研究的重点任务是认清人地关系现状、问题,预测未来发展的趋势与潜力,全面、科学、合理地评价区域发展"可持续"的可能性、可行性和可操作性,找到适宜的人地关系和和谐发展的战略途径(刘玉和刘毅,2003)。

可持续发展理论为农村可持续生计研究指明了方向,可持续生计必须以保护自然资源环境为前提,致力于谋求稳定的生计、提高农户生活水平,同时兼顾区域平衡与代际公平。

1.4.2 农户行为理论

农户是个体与群体的统一,农户行为不仅有个体行为的特征,也具有群体行为的一定特征。农户的生产、消费、决策既有个体性又有组织性、群体性,因此,农户行为既有理性,也有从众性、盲目性。研究农户行为不单单针对某一个农户,也需要对群体农户的行为、特征进行总体分析(孙贵艳,2016)。学术界研究农户行为已形成三个典型学派:(1)实体经济学派:该学派的代表学者是苏联的农业经济学家恰亚诺夫(1996),其观点认为农户生产经营的目的是规避风险,追求的是满足家庭生存安全的需要,即追求家庭生产与消费的平衡,而不是追求市场利润最大化。因此农户的分化主要是家庭劳动力与消费者人口的比例变化而导致的。(2)以舒尔茨(1999)为代表的形式经济学派。该学派在代表作《改造传统农业》一书中阐述,发展中国家农户是理性的,为追求市场利润的最大化,在农业生产中会根据市场需求与风险,综合投入与产出、成本与利润合理安排作物种植种类、面积、化肥等要素。基于此建议改造传统农业需要在合理成本下进行现代要素的投入。(3)历史学派:以美国华裔经济学家黄宗智为代表。黄宗智(2005)通过分析我国华北地区和长江三角洲农户的生产情况,提出中国农户既是利润追求者,又是风险规避者的观点。该观点认为,中国农户介于舒尔茨理性农户与恰亚诺夫生存农户之间,一方面谋求最大利润,另一方面谋求自身效用价值与家庭生存安全。王平达

(2000)认为,我国农户同时具有生产行为的多重性和经营行为的开放性、生产决策的趋同性和单一性、追求稳定和发展的目标双重性、理性与非理性的统一性。

在市场经济开放前提下,随着城镇化工业化的发展,农户作为独立的生产生活经济主体,是最基本的决策单位,农户行为越来越趋向于理性化和市场化。农户行为理论为本书分析农户生计选择、变化及其内在驱动机制提供了基础的理论指导。

1.4.3 人地关系理论

人地关系论的产生和发展经历了漫长的历史过程,产生过各种人地关系的理论。其中比较著名的有:法国社会学家孟德斯鸠和德国人文地理学家拉采尔提出的"地理环境决定论",他们认为:区域的社会经济、产业布局、政治制度、法律性质、人口素质、文化风俗等,都由气候、土壤及人们居住领土的大小、区位等地理环境决定,地理环境在人类社会发展中普遍地起着决定性作用;法国的维达尔—白兰士提出的"可能论",认为自然环境为人类活动提供了多种可能性,但这种可能性变为现实,则完全是由于人类选择和支配。尽管学术界对地理环境决定作用的大小存在争议,但都一致认同地理环境对社会发展存在着不可否认的重要影响。

马克思重视用地理环境解释社会现象,并强调地理环境在一定时期、一定条件下的决定作用(《马恩全集》,第 20 卷)。李双成等(2005)中国区域贫困化产生的主导因素经历了制度因素、政策因素到自然因素的变化,现阶段区域贫困化产生的主要根源是自然因素。赵跃龙和刘燕华(1996)认为脆弱生态环境与贫困之间存在相关性,且相关性的大小因不同自然、人文条件而不同。黄国勇等(2015)通过对新疆 17 个边境重点贫困县的分析证实自然地理环境对农户收入和贫困的负向作用,并呈现出系统影响的整体性、路径方向的多样性和作用机制的复杂性。霍增辉等(2016)从村域尺度考察地理环境对农户贫困的影响,认为地理环境在地形类型、地域通达性、民族特征以及资源条件等 4 个方面对作用于农户生计。曲玮等(2012)通过对甘肃省 51 个扶贫开发重点县的实证分析得出,尽管社会经济发展能在一定程度上缓解不利自然地理环境的贫困影响，但是自然地理环境制约仍然是导致贫困的重要因素。

地理环境制约着农户的生计发展与贫困的空间分布，反过来，农户作为生产和决策的基本单位，其生计策略对地理环境同样具有反作用。赵雪雁等（2012、2013）通过实证分析得出农牧户的环境感知度和环保活动参与度因生计方式不同而不同，提高非农化水平及农牧户受教育程度将减缓对生态环境的影响；苏磊和付少平（2011）认为农户生计方式不同对影响生态环境的方式和程度有所不同，建设保护农村生态环境应根据农户生计的具体类型来协调农户生计与生态环境的关系。徐建英等（2010）认为农牧户的生态感知与生计策略响应之间存在偏差的根源在于生态环境资源的公共性和农牧户追求的经济收益之间的冲突，解决这种冲突的有效方法是农牧协调、生态改善政策与农牧户经济需求协调、生态补偿机制；杨晓光等（2006）通过分析案例区农户生计的基本特征，认为造成我国大型河流中上游贫困地区生态环境问题的根本原因在于农户所采用的不可持续生计，因此生态屏障建设的根本目标在于农户可持续生计建设。

以上研究从各个角度出发各有侧重，但是对农户生计与地理环境的内在关系缺乏清晰深刻、系统全面的分析。

1.4.4 系统耦合理论

系统耦合（coupling）原本是物理学上的概念，是指两个或两个以上的体系通过相互作用而彼此影响以至于相互联合的现象，或者通过各种内在机制相互作用形成一体化的现象。由于现代科学研究的综合性、复杂性以及跨学科的交叉，系统耦合理论被广泛应用于农业、生物、生态、地理等领域，目前以生态经济系统的耦合研究相对较多，也较为完善。任继周等学者早在1989年指出在东北至西南一线的农牧交错带上，草地畜牧业系统与农田、城市系统具有巨大的耦合优势（任继周等，1989），并于1994年通过对荒漠—绿洲草地农业系统的耦合分析，正式提出了系统耦合的概念：两个或者两个以上性质相近似的生态系统具有相互亲和的趋势，当条件成熟时，它们可以结合为一个新的、高一级的结构—功能体（任继周和万长贵，1994）。系统耦合的优势是系统结构、功能将发生新的变化，良好的系统耦合将使各子系统之间相互协调、激发产生原系统所不具备的综合效应，而提高耦合效应的关键是对系统的科学管理（任继周等，1995；万里强等，2004）。近年来，系统耦合理论得到了进一步完善和推广应用，董孝斌和高旺盛（2005）进一步探讨了农牧交错带系统耦合机制，并提出了耦合度的定量化公式；黄剑坚和王保前（2012）对系统耦合理论研究尺度、方法、内容等存在问题进行了讨论，并指出未来在生态系统中的可能运用方向；曹洪华（2014）对生态文明背景下流域生态—经济系统耦合模式进行了研究；刘承良等（2014）通过社会经济—资源—环境耦合模型分析了武汉城市圈社会经济与资源环境系统耦合作用的时空结构。

1.4.5 能值理论

能量是表达、刻画生命与环境、人与自然的关系的语言，自然生态系统与人类社会经济系统其存在、发展、演化都涉及能量的转化、贮存和流动，因此均可视为能量系统。然而，不同种类的能量却有着本质的差别，不能进行直接比较，为了克服这一障碍，20世纪80年代美国生态学家Odum提出了能值概念：某种流动或贮存的能量包含另一种流动或贮存的能量之量，称为该种能量的能值（Odum，1981，1983）。能值实质就是隐含能源（embodied energy）（Odum et al.，2000）。地球上所有能量都直接或间接地来源于太阳能，所以一般以太阳能为基准来衡量各种能量的能值。任何资源、产品或劳务形成过程中所需要的直接或间接投入应用的太阳能就是其所包含的能值（solar emergy）（Odum et al.，1996），单位为太阳能焦耳（solaremjoules，即 sej）。

能值理论被认为是联结生态学和经济学的桥梁，为生态经济复合系统分析开辟了定量研究的新方法，能值理论发展至今已广泛应用于不同尺度不同类型的生态经济系统分析（Zhang et al.，2007；Agostinho et al.，2010；Brown et al.，2010；Dong et al.，2014）。能值方法适用于本书对农户生态经济系统的分析，便于人们更好地理解农户生计特点及其管理决策。

第 1 章 绪　论

1.5　研究内容与研究方法

1.5.1　数据来源

从 2002 年退耕还林实施之初到 2015 年，课题组通过地理考察、部门走访、资料收集、农户调查等途径，针对准格尔旗农户生产生活变化展开了一年一次的长期的调研，获取、积累了研究区丰富的地理环境要素、社会经济信息和农户生计状况数据，具体包括研究区地形地貌、土壤、水文、矿产分布、产业发展、地方政策等宏观区域数据，以及农户人口信息、劳动力分配、农牧业投入产出、收入消费结构、退耕还林参与情况等微观数据，建立了完备的数据库，为本书研究奠定了扎实的数据基础。

其中，地理环境要素数据通过 GIS 平台统一管理，包括准格尔旗第二次全国土地调查数据库（来源于准格尔旗国土局，2007 年）、MODIS 遥感影像 MOD17A3 植被净初级生产力系列数据（2000~2014 年）（来源于地理空间数据云，http：//www.gscloud.cn/）、1：100 万土壤数据库（来源于黑河计划数据管理中心，http：//www.heihedata.org/）、准格尔旗 DEM 数据（来源于地理空间数据云，http：//www.gscloud.cn/）等。

宏观社会经济数据资料，包括《中国统计年鉴（2015）》《内蒙古自治区统计年鉴（2009）》《准格尔旗统计年鉴（1991~2015）》《准格尔旗年鉴（1992）》《准格尔旗志（1993）》及政府部门工作报告、政策实施文件等材料。这些资料数据可以从宏观尺度全面反映研究区的经济发展、社会发展、人口、农业生产等信息，本书引以作为背景分析数据参考。

农户信息数据库则通过 2002~2015 年长达 14 年的农户调查建立。农户调查综合采用了问卷调查、半结构访谈、村集体会议、特定群体研讨等农村参与式评估法（participatory rural appraisal，PRA），通过乡镇—村分层、入户随机的分层抽样，共调研了 9 个乡镇、100 多个行政村、2000 多户农户（见表 1-2）。调查内容包括农户地理位置、人口信息、农牧业生产经营状况、家庭收支结构、生活消费水平、对退耕还林政策的态度与参与情况等，由于历年调研内容基本一致，因此问卷设计大同小异（见附录 4~附录 6）。调研时间每年为期半月到一月，一般安排在每年年底（12 月或 1 月），农户一年的生产交易已基本完成，信息较为完整。考虑到调查农户的知识水平，我们采用一问一答式的记录调查，并由小组成员根据农户意见在问卷上作答。每份问卷耗时 40 分钟左右。这种方法能够最大限度地保证问卷的质量，缺点是耗时比较长。由于准格尔旗村落稀疏，农户居住分散，而且退耕还林以来大量农户迁移，每人每天能够完成 8~10 份调查问卷。

表 1-2　　　　　2002~2015 年农户调研有效样本　　　　　单位：份

年份	2002	2003	2004	2005	2006	2007	2008
样本	167	136	110	93	91	107	140
年份	2009	2010	2011	2012	2013	2014	2015
样本	178	132	164	203	220	147	145

一般而言，此类数据不易获取，无法做到十分精准，但却是来自于农村调研的第一手珍贵数据，能够准确地捕获主要信息、反映大体趋势。这些调研前后相继得到了系列基金支持，有力地保障了长时间持续调研的完成。另外，当地政府的积极配合也为调研提供了必要的有利条件，政府的介入使资料收集更为便利，也使从农户调研获取信息更为有效可靠。为了保证调研质量，课题组事先做了群组讨论、调研员培训、前期测试等大量准备工作，事后进一步分析处理、去伪存真，大大提高了数据质量。

1.5.2　研究内容

（1）准格尔旗地理环境综合区划与生计历史背景。

根据已有文献资料和野外考察，全面总结分析研究区地理环境特征，包括气候、地质地貌、土壤、水文、植被等自然环境要素和社会、经济、人口发展等人文环境要素，并对其进行综合地理区划，分析其地域分异规律，厘清研究区农户生计早期演变历史及退耕还林实施情况，为研究准格尔旗农户生计的时空变化奠定基础。

（2）农户生计转变：过程、格局与效应。

通过构建农户生计转变的动态分析框架，着重从生计策略和生计结果两个方面来分析准格尔旗农户生计转变过程、格局和效应。具体包括：对农牧交错带农户生计策略的归纳划分、基于长时间序列数据的生计策略演变分析并厘清其驱动事件、基于退耕前后两期数据的农户生计空间格局对比分析；基于长时间序列数据，动态分析农户家庭纯收入、生计多样性等生计结果变化情况，界定农户生计转变的经济效益和社会效应。

（3）退耕还林政策（宏观因素）的生计影响机制。

理论阐述退耕还林对农户生计的影响途径、方式，并构建倍差法模型，分阶段（退耕阶段、巩固阶段）深入分析、论证退耕还林政策对农户家庭纯收入、生计多样性等生计结果的影响；并运用能值分析方法，评估准格尔旗农户农牧业系统在退耕还林实施前、中、后期的变化；基于对退耕还林这一著名生态政策的生计效应分析，讨论对我国未来生态扶贫政策的启示。

（4）地理环境（区域因素）与农户生计耦合机制。

根据综合地理区划选择典型村域，通过 Kruskal – Wallis H 非参数检验，探索研究区农户生计多样化与村域地理环境的耦合关系、作用机制，并讨论对我国乡村振兴战略实施的政策建议。

（5）农户资产禀赋（微观因素）与生计策略选择机制。

构建生计资产评估体系，从农户自身资产禀赋视角出发，通过无序多分类逻辑回归模型探索各项生计资产对农户生计策略选择的作用。

（6）研究结论与政策启示。

总结归纳农牧交错带农户生计转变规律性特征、趋势，厘清影响农户生计转变的复杂因素及其内在驱动机制，提出改善、提高农户可持续生计的措施建议，以及进一步凝练对时下国家乡村振兴和生态扶贫战略的政策启示。

1.5.3 技术路线

本书的技术路线如图 1-2 所示。

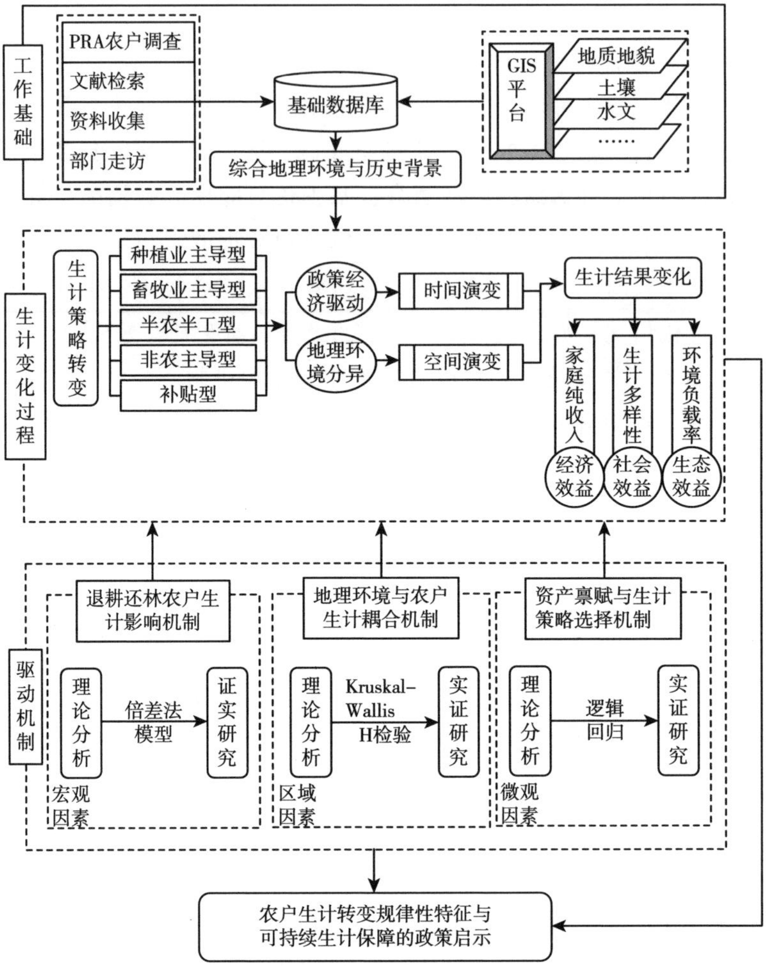
工作基础
PRA农户调查
文献检索
资料收集
部门走访
基础数据库
综合地理环境与历史背景
GIS平台
地质地貌
土壤
水文
……
生计变化过程
生计策略转变
种植业主导型
畜牧业主导型
半农半工型
非农主导型
补贴型
政策经济驱动
地理环境分异
时间演变
空间演变
生计结果变化
家庭纯收入
生计多样性
环境负载率
经济效益
社会效益
生态效益
驱动机制
退耕还林农户生计影响机制
理论分析
倍差法模型
证实研究
宏观因素
地理环境与农户生计耦合机制
理论分析
Kruskal-Wallis H检验
实证研究
区域因素
资产禀赋与生计策略选择机制
理论分析
逻辑回归
实证研究
微观因素
农户生计转变规律性特征与可持续生计保障的政策启示

图 1-2　本书的技术路线

第 2 章　研究区概况与历史背景

2.1　地理环境概况

准格尔旗隶属于内蒙古自治区鄂尔多斯市，地处内蒙古中西部 E110°05′~111°27′，N39°16′~40°20′，位于晋、陕、蒙三省区交界处。旗北部、东部为黄河所环绕，与包头市、呼和浩特市隔河相望，南部与陕西、山西接壤，西部从北向南依次与达拉特旗、东胜区、伊金霍洛旗接壤（见图2-1）。旗境南北长 116.5km，东西宽 115.2km，总面积 7692km²，下辖 9 个乡镇，4 个街道办事处，共 159 个行政村和 23 个社区（准格尔旗统计局，2014）。

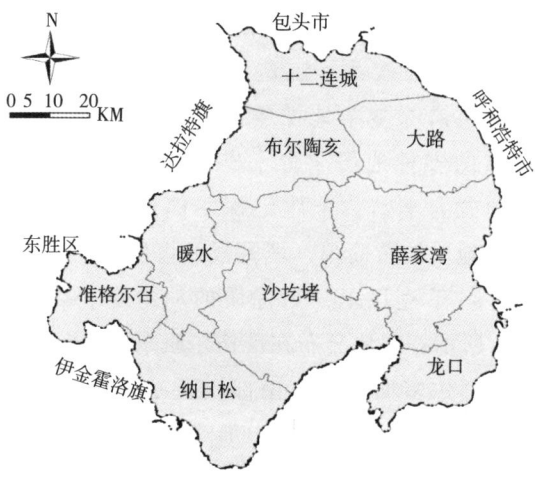

图 2-1　准格尔旗区位示意图

2.1.1 自然要素

2.1.1.1 气候

准格尔旗属于典型的温带半干旱大陆性气候，总体气候特点是：冬季漫长而寒冷，夏季炎热而短促，春秋气温变化剧烈。全年降雨少而集中，多年平均降雨量为400mm左右，且以夏季6~8月较为集中，占年总量的61%，降雨量年际变化大，在143.5~636.5mm之间波动明显。蒸发量年平均2093mm，是降雨量的5倍。年均温6.2~7.2℃，≥10℃积温约2900~3500℃，1月最冷，平均-10.8~-12.9℃，7月最热，平均29℃。旗境受季风影响，夏季多偏南风或偏东风，秋季至春季多偏西北风，年平均风速为1.9~3.4m/s。旗境日照充足，太阳总辐射量高达$1.43 \times 10^5 ka/cm^2$，大部分地区年日照时数≥3000h，境内农作物和牧草生计季（4~9月）每天平均日照9.3h，夏至前后，日照时数可达14.2h（准格尔旗志，1993）。

2.1.1.2 地质地貌

准格尔旗地层出露齐全，地貌复杂多样。在漫长的地质年代中，经过多次地质结构的大变动，尤其是第四纪以来，准格尔旗基本处于新构造运动的上升阶段，在季节性洪水冲刷、风蚀等作用下，旗境沟谷发育，寒武系、奥陶系、中上石炭系、二迭系、三迭系、侏罗系、白垩系、第三系、上新系等地层错综复杂地裸露出来（准格尔旗志，1993）。复杂的地质运动与裸露的多种地层孕育了丰富多样而埋藏较浅的矿产资源。其中，以煤炭资源尤为丰富，全旗已探明储量为544亿吨，远景储量在1000亿吨以上，且地质构造简单、埋藏浅、煤层厚、低瓦斯、易开采，发热量均在6000大卡/千克以上，为优质的动力煤和化工煤（百度百科，2015）。如图2-2所示，主要分布在准格尔旗东南部和西南部。

准格尔旗地处鄂尔多斯高原东南部（黄土高原一部分），海拔820~1543m，总体地势西北高、东南低，中部略有隆起。境内大部分地区沟谷发育，沟网纵横密布，地表切割破碎。根据地貌差异从北到南可划分为4个地貌类型：

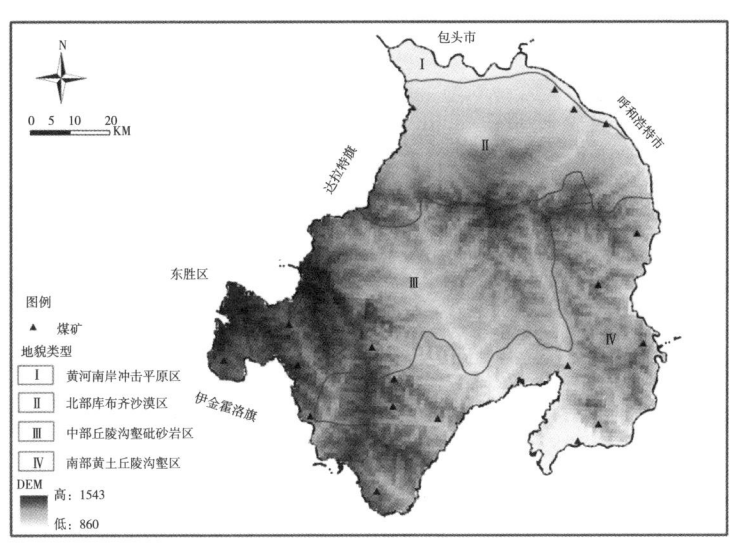

图 2-2 准格尔旗地貌类型与煤矿分布

注：数据来源于准格尔旗志。

（1）黄河南岸平原区：总面积 578km²，占全旗总面积的 7.8%。此区是在中生代晚期凹陷基础上于第四纪初进一步发育的东西向断陷盆地。由于黄河及其他支流沉积物填充而成的原层细沙及粒土状冲积平原，本区地形平坦，海拔高度 987.4~1095.1m，地势从西向东微倾。

（2）库布其沙漠区：总面积 900km²，占旗总面积的 11.7%，海拔 1027~1421m。位于库布齐沙漠东部尾端，地表有流动、半固定、固定的新月状沙丘覆盖，是第四纪全新统风积物。

（3）中部丘陵沟壑区：总面积 3061km²，占全旗总面积的 40%，由侏罗纪、二叠纪、三叠纪、第三纪砂岩、沙砾岩、页岩、泥岩及粉砂岩组成，海拔 1038~1543m。由于水土流失严重，区内沟谷密布，基岩裸露。

（4）南部黄土丘陵沟壑区：总面积 2527 km²，占全旗总面积的 34%。与晋、陕黄土高原相连，是第四纪时期的一种特殊大陆沉积物。由于黄土堆积过程中承袭了下伏埋藏的各种古地貌形态，它本身又是未固定的土状堆积物，再加上水蚀和风蚀作用，使本区沟谷发育速度很快，沟谷深切，地表支离破碎，出现了明显的不同特征，即塬、梁、峁、坪等。

2.1.1.3 土壤

由于地形、地貌复杂,准格尔旗内土壤类别较多,大体分为五个土类,即栗钙土、风沙土、黄绵土、潮土、盐土。栗钙土由腐殖层、钙积层和母质层组成,土层较薄,质地为沙壤或轻壤、中壤;黄绵土是第四纪时期形成的土状堆积物,土层深厚,质地均一,为沙壤轻壤;栗钙土和黄绵土交错分布于中南部黄土丘陵沟壑区,是准格尔旗分布最多的土壤,面积约为4830.58km²,占总土壤面积的67.71%。风沙土是风成砂性母质上发育的土壤,通体为沙质土,土壤肥力不协调,含量低,漏水漏肥,主要分布于北部库布齐沙漠区,面积约为2020km²,占全旗土壤总面积的28%。潮土是受地下水活动影响,经过耕种熟化或草甸植被的影响而成的土壤,土层深厚、水分充足,肥力较高,主要分布于北部黄河冲积平原区和沟谷两岸的河谷阶地,面积约为269.95km²,占土壤总面积的3.78%。盐土是由于排水不良导致可溶性盐类在土壤表面或土壤中逐渐集聚形成的土壤,主要分布于北部黄河沿岸低洼地带,面积较小。准格尔旗土壤总体特点是缺磷、少氮,钾有余,是农业产量不高的重要原因(见图2-3)。

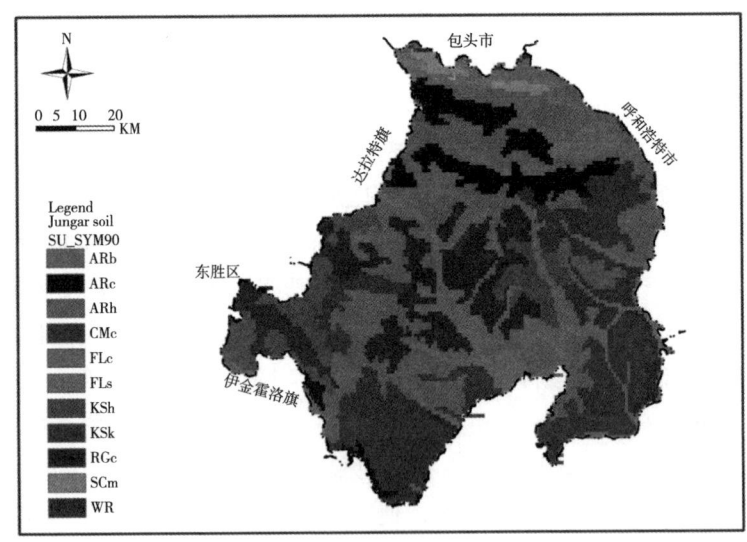

图2-3 准格尔旗土壤类型

注:数据来源于黑河计划数据管理中心。

2.1.1.4 水文

准格尔旗地处黄河流域，境内沟谷发育，大小沟川密布，河网密度 $0.25km/km^2$。黄河绕经旗境北部、东部、东南部边缘，全程 197km，年平均径流量 $2.48 \times 10^5 m^3$，每年约有 $2.93 \times 10^4 m^3$ 的水量过境。长度 50km 以上的支流有长川、纳林川、悖牛川和浒斯太河，如图 2-4 所示，分别位于旗境东、中、西部和西北部，年均径流量在 $1.42 \times 10^7 \sim 1.29 \times 10^8 m^3$ 不等。然而，境内沟川大多为时令河，均由雨水补给，不仅年际变化大，而且年内季节性鲜明，水量冬春少夏秋多。常年有水的河流只有浒斯太河，而长川、纳林川、悖牛川由于河源短、河床比降大、降水集中，水资源往往以洪水形式流走，难以得到利用。全旗地表水年径流总量约 $4.3 \times 10^8 m^3$，各沟川地表水水质较好，适宜人畜饮用和农田灌溉。旗境地下水相对较为贫乏，埋深 150 米以下，年补给量 $1.77 \times 10^8 m^3$，年储藏量 $2.83 \times 10^9 m^3$，年可开采量 $1.93 \times 10^7 m^3$（见表 2-1）。总体水质良好，达到国家一级用水标准。

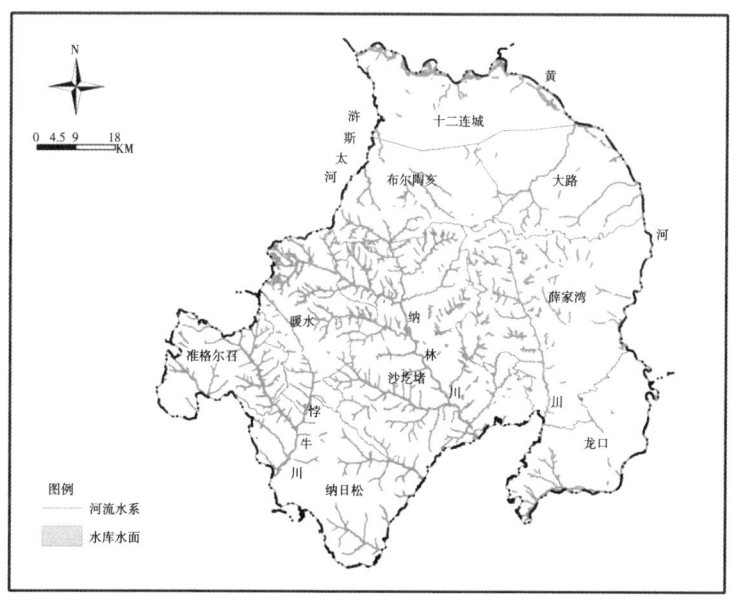

图 2-4 准格尔旗水系分布

注：数据来源于准格尔旗国土局。

表2-1　　　　　　　准格尔旗地下水资源统计　　　　　　单位：万 m³/年

地区	补给量	储存量	可开采量
北部黄河南岸冲积平原区	1653.8	126603.2	299.3
北部库布齐沙漠区	3235	146798.7	1437.2
中部丘陵沟壑区	5724.8	6604.2	4879
南部黄土丘陵沟壑区	6837.0	3289.7	2516.4
全旗	17540.6	283295.8	9131.9

2.1.1.5　植被

由于地处西北内陆、高原环境和大陆性气候，准格尔旗植被外貌上充分显示出干旱草原景象。旗境植被稀疏，灌丛化强，生态脆弱，易退化，产草量较低。另外，存在部分有林地，以油松等针叶林为代表的林地主要分布在西南部沙圪堵镇、那日松镇等地；以杨柳榆等阔叶林为代表的林地主要分布于东北部。由于地形起伏较小，旗境植被群落垂直分布不明显，水平分布因受局部环境影响而有所差异。准旗天然植被类型为灌丛化草原和干旱草原，而主要的农作物包括玉米、糜子、土豆、小麦、谷子、向日葵等。如图2-5所示，根据美国 NASA 2014年 MOD17A3 数据分析，准格

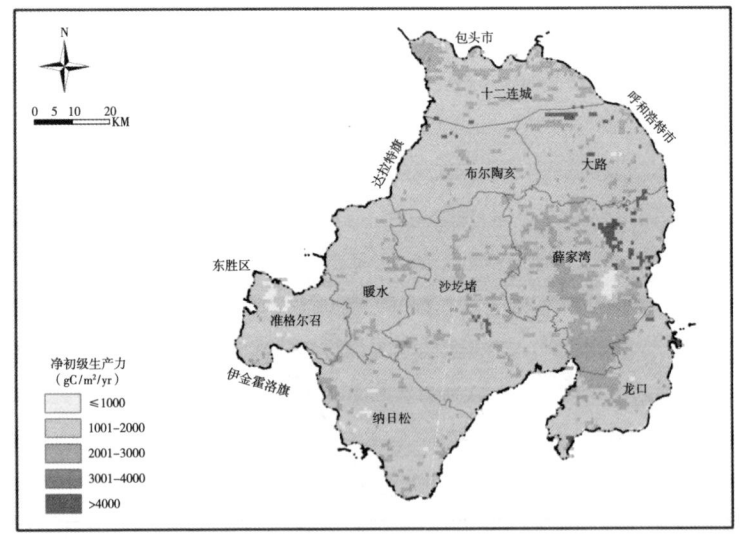

图2-5　准格尔旗植被净初级生产力

注：数据来源于美国 NASA MOD17A3。

尔旗大部分地区植被净初级生产力在 1000~2000gC/m²/yr 之间；部分地区水土条件较好，如北部黄河南岸平原区（十二连城乡），植被净初级生产力介于 2000~3000gC/m²/yr 之间；小面积区域因为人工绿化而达到 3000gC/m²/yr 以上，主要分布在薛家湾、沙圪堵城区。

2.1.2 人文要素

2.1.2.1 经济发展

由于丰富的矿产资源，准格尔旗经济发展主要依赖于能源、化工等第二产业，并由此带动第三产业发展。如图 2-6 和图 2-7 所示，近年来准格尔旗经济发展大致经历了两个阶段：第一阶段（2005 年之前），地区生产总值在 100 亿元以下缓慢增长，第一、第二、第三产业比例从均衡态逐渐向第二产业倾斜，第一产业比重大幅度降低。第二阶段（2005 年之后），在市场经济大好趋势和政府大力扶持能源开采、煤化工、房地产等支柱性行业发展引导下，2005 年地区生产总值首次突破 100 亿元，并以井喷式速度高速增长，到 2014 年地区生产总值高达 1106.72 亿元。其中，第二产业产值从 88.95 亿元增长至 693.02 亿元，占地区总产值的比重维持在 60%以上，并带动第三产业快速发展，产值从 44.39 亿元到 404.33 亿元。而农业产值虽然也呈上升趋势，但其比重很低，基本维持在 1%水平。

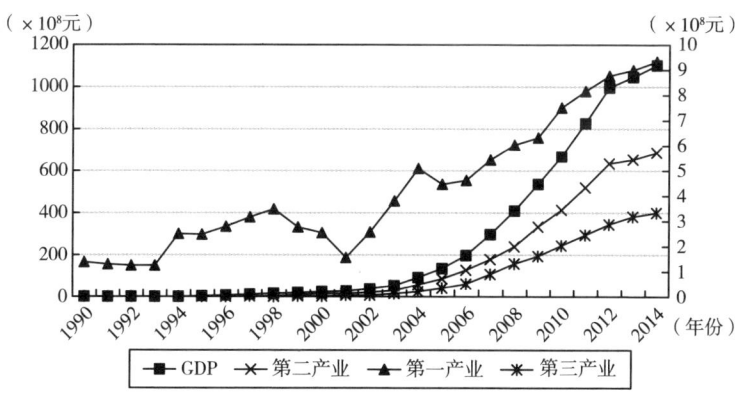

图 2-6 准格尔旗地区生产总值

注：数据来源于准格尔旗统计局。

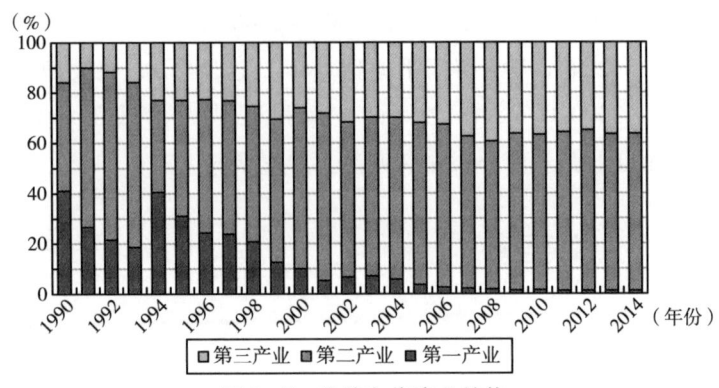

图2-7 准格尔旗产业结构

注：数据来源于准格尔旗统计局。

准格尔旗地处中国北方农牧交错带，特殊的自然地理条件决定了当地农业发展具有"为养而种，种养结合"的农牧并重特点。其中，主要的农作物包括玉米、糜子、土豆、小麦、谷子、向日葵等，畜牧业则主要以山羊、绵羊、奶牛、麋鹿、生猪等为主，如图2-8所示，多年来准格尔旗种植业产值和畜牧业产值呈稳步上升态势，但两者比例基本维持平衡，2013年度准格尔旗种植业、畜牧业分别占农业总产值的50.93%、40.30%，体现典型的农牧交错带特点（准格尔旗统计局，2013），即：种植业在满足农户自身粮食需求的同时，剩余秸秆为畜牧业提供饲料；相应地，畜牧业除了为市场供给肉类换取现金外，也为种植业提供蓄力和肥料。农牧交错带农牧业生产具有先天的农牧耦合优势。

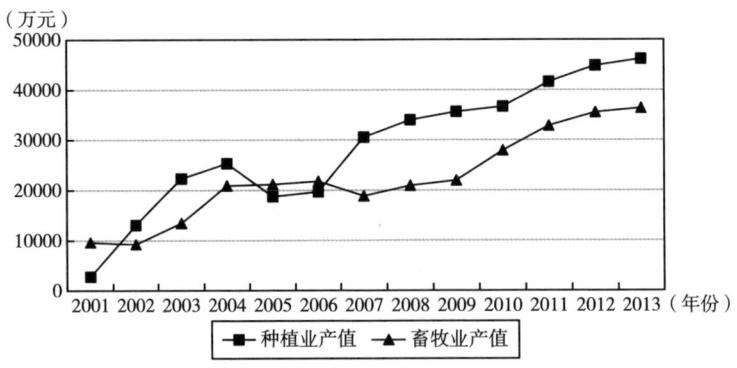

图2-8 准格尔旗农牧业产值

注：数据来源于准格尔旗统计局。

2.1.2.2 人口状况

从人口总量看（见图2-9），过去的20多年准格尔旗总人口稳步上升，从1990年的23.68万人增加到2014年的32.04万人；农业人口1990~2006年基本稳定在20万人左右，变化不大，2006年之后稳步上升，到2014年增至23.82万人；而非农业人口上升趋势明显，从1990年的3.56万人增至2014年的8.22万人。

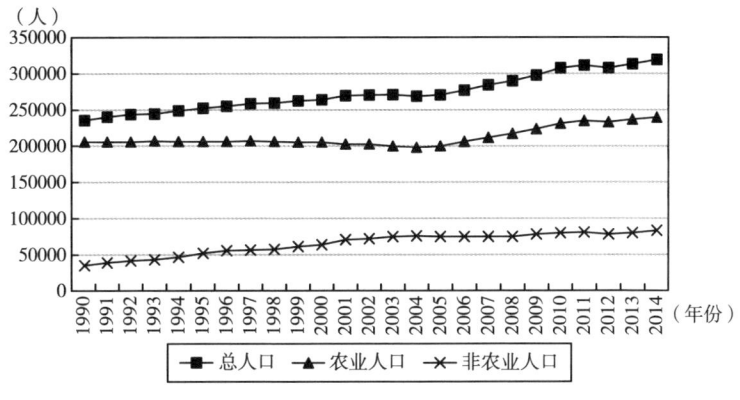

图2-9 准格尔旗人口变化

注：数据来源于准格尔旗统计局。

从人口从业结构看（见图2-10），全社会从业人数呈上升趋势，且2006年之后尤其明显。其中，第一产业从业人口比例大幅下降，从2001年的48.43%降至2014年的17.92%；相应地，第三产业从业人口比例大幅上升，从2001年的23.09%升至2014年的47.06%；第二产业从业人口比例亦呈稳步上升趋势，但上升幅度不如第三产业从业人口明显。

从人口空间分布看（见图2-11），准格尔旗总体上地广人稀、人口密度较低，且主要集中在旗政府所在地薛家湾镇和龙口镇，2014年人口密度分别为81.78人/km^{2}和76.76人/km^2；其次为十二连城乡和沙圪堵镇，2014年人口密度分别为35.33人/km^{2}和35.25人/km^2；最低为布尔陶亥乡，为15.45人/km^2。

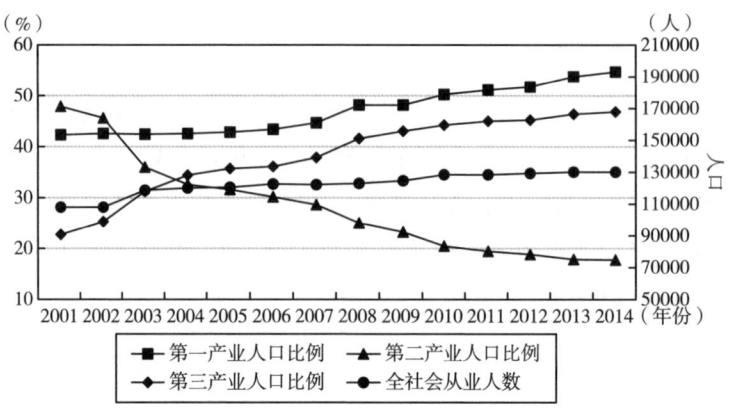

图 2-10　准格尔旗从业人口变化

注：数据来源于准格尔旗统计局。

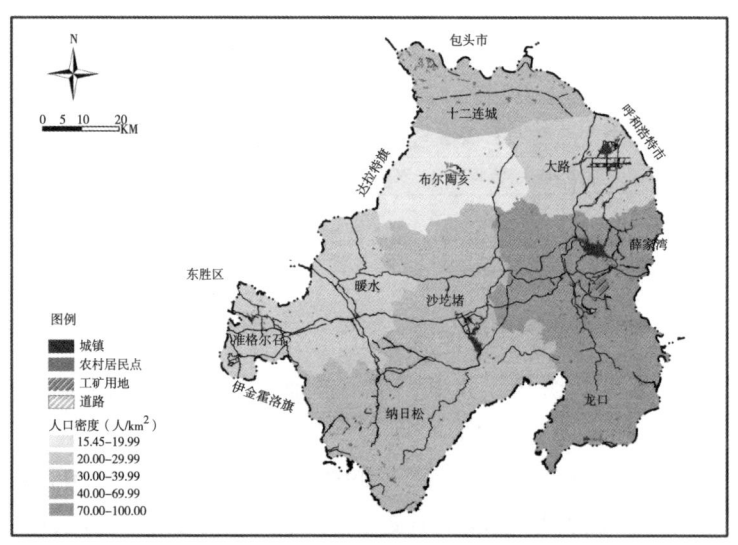

图 2-11　准格尔旗城乡发展与人口密度分布

注：数据来源于准格尔旗国土局。

2.1.2.3　社会发展

城乡发展失衡，是现今国内社会发展的普遍问题，准格尔情况更为突出。如图 2-11 所示，准格尔旗社会经济中心位于旗政府所在地薛家湾镇，集城镇发展、产业发展、交通、人口承载于一体，公共设施完善、经济水平较高、环境相对较好。沙圪堵镇为旧旗政府所在地，发展历史较长，发展水平次之。而广大农村地区地广人稀，交通不便，发展落后，环境污染与生态退化，农牧民生产生活水平远低于城镇地区。如图2-12所示，2000年之前准旗农民人均纯收入和城镇居民人均可支配收入都在5000元以下水平，且两者差距较小；2000年之后城镇居民人均可支配收入呈指数增长，而农民人均纯收入增长缓慢，两者差距日益拉大，到2014年准旗农民人均纯收入和城镇居民人均可支配收入分别为13450元和36234元，两者差值高达22784元。

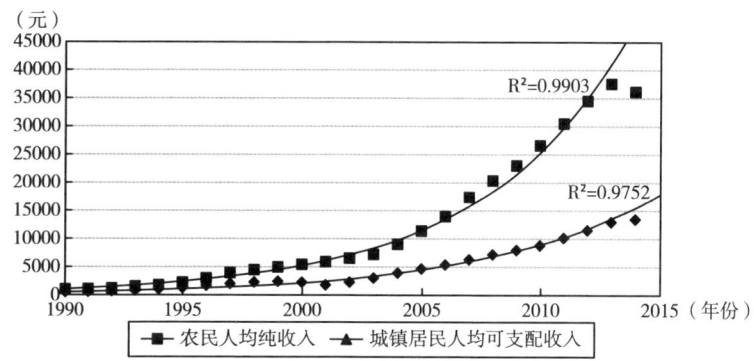

图2-12 准格尔旗城乡居民人均收入差异

注：数据来源于准格尔旗统计局。

为此，近年来准格尔旗针对农村地区实施了退耕还林、粮食直补、农村教育"两免一补"、取消农业税、生态移民、农村新型养老保险、农村牧区基本公共服务"十个全覆盖"等系列政策工程措施（见表2-2）。

表2-2　准格尔旗近年来农村发展扶持政策措施

年份	政策	具体措施
2002	退耕还林工程正式实施，同时全旗范围内实行禁牧	对坡耕地、劣等地进行退耕，并发放退耕补贴，第一轮补贴：每亩每年补助160元（粮食补助140元，生活补助20元），生态林补助8年，经济林补助5年，造林第一年发放苗木补助50元/亩；第二轮补贴：每亩每年90元（粮食补助70元，管护补助20元），生态林补助8年，经济林补助5年。禁牧为强制性禁牧，鼓励舍饲圈养

续表

年份	政策	具体措施
2004	粮食直补	一改通过补贴流通环节间接补贴农民的方式，按照谁种地补贴谁的原则，以实际种植面积对农户进行直接补贴
2004	农村教育"两免一补"	2004年率先实施对义务教育阶段农村学生"两免一补"，即：免杂费、免书本费、补助寄宿生生活费
2005	取消农业税	继2004年内蒙古全区取消牧业税、除烟叶以外的农业特产税，2005年全区范围取消农业税
2006	生态移民工程	针对煤矿开采区、高海拔偏远地区及生态脆弱地区，移民区以暖水乡为代表整乡移民，其他地方零星分布
2009	农村新型养老保险	新农保制度实施，年满60周岁即可按月领取基础养老金和个人账户养老金，至2014年农村养老金高达310~600元/（人·月）
2014	农村牧区基本公共服务"十个全覆盖"	一是危房改造工程；二是安全饮水工程；三是街巷硬化工程；四是电力村村通和农网改造工程；五是村村通广播电视和通信工程；六是校舍建设及安全改造工程；七是标准化卫生室建设工程；八是文化室建设工程；九是便民连锁超市工程；十是农村牧区常住人口养老医疗低保等社会保障工程

2.1.3 地理环境综合区划

根据气候、地质地貌、土壤、水文、植被、人口、经济、交通、城镇等地理要素分异特点，准格尔旗综合地理分区可以划分为4种类型，即：黄河南岸平原现代农牧业区、库布齐沙漠传统农牧业区、中部丘陵沟壑城镇发展区和西南、东南丘陵沟壑煤炭开采区（见图2-13），各区域之间存在着显著的资源环境差异和社会经济差异。

（1）黄河南岸平原现代农牧业区。

该区域位于旗境北部边缘，主要是十二连城乡北部区域，介于库布齐沙漠与黄河之间，北邻包头、东邻呼和浩特，总面积222.10km²，占旗总

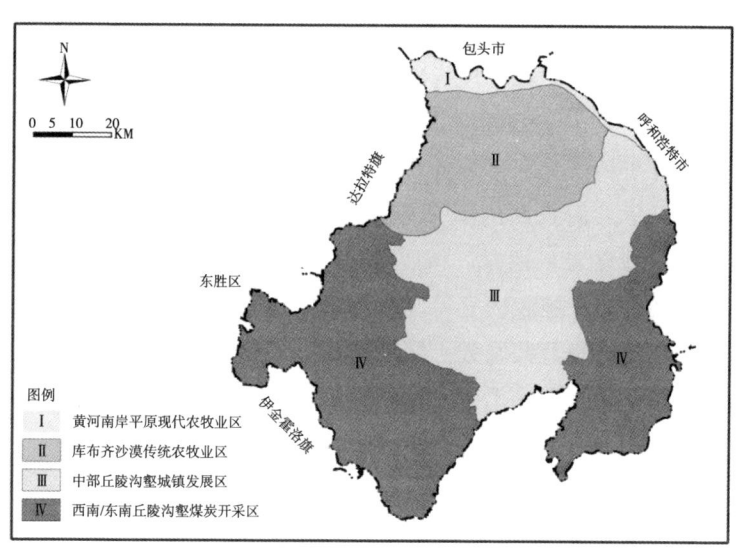

图 2-13　准格尔旗地理环境综合区划

面积的 2.89%，东西长 40km，南北宽 8km。该区域是由黄河及其支流沉积物填充而成的原层细沙及粒土状冲积平原，以潮土为主，兼有少量盐土。区域地势平坦，土壤肥沃，水源充足，农业开发潜力大。由于优渥的水土条件和较好的区位优势，该区域目前已被开发为准格尔旗主要粮食基地和内蒙古自治区的商品粮生产基地，以"公司+农户+基地"模式集中经营瓜果、鲜奶、时令蔬菜等农产品，实现了现代设施农牧业的规模化、集约化生产。区域内农村居民点较为集中，人口密度相对较高，村镇建设基本实现社区化管理。

（2）库布齐沙漠传统农牧业区。

该区域位于旗境北部，主要由布尔陶亥苏木全部和十二连城大部组成，介于黄河南岸平原与中部丘陵沟壑区之间，是库布齐沙漠向东延伸的尾端，总面积 1488.95 km²，占旗总面积的 19.36%。区域内流动、半固定、固定沙丘覆盖于各种基面上，土壤类型以风沙土为主。内有大面积的山间低地，水肥充足，是理想的林、牧业生产基地，同时也可发展林业保护下的种植业，国有乌兰不浪林场、布尔陶亥治沙站分布在该区域，成为该地区的保护伞。该区域干旱缺水，风沙肆虐，生态脆弱，人口较少，主要集中于布尔陶亥苏木，以传统的农牧业为生。

(3) 中部丘陵沟壑城镇发展区。

该区域位于准旗中部，包括沙圪堵镇大部、大路镇大部和薛家湾镇北部区域，总面积2499.09km²，占旗总面积的32.49%。该区主要河流有纳林川，土壤以栗钙土为主，具备发展种草养畜的自然条件和开发旱作农业的潜力，但由于人们长期的不合理开发利用，水土流失严重，沟壑密布，基岩（砂岩、沙砾岩）裸露。该区域沙圪堵镇为原旗政府所在地，开发历史较长，公共服务设施较为完善，西部薛家湾镇和大路镇区域是现旗政府和各部门所在地，集公共服务、城镇建设、经济发展、人口承载、文化教育于一体，内有大型煤化工企业，是旗政治经济中心区。

(4) 西南、东南丘陵沟壑煤炭开采区。

该区域可以分为两个区块。

西南部丘陵沟壑煤炭开采区主要包括准格尔召乡、暖水乡、纳日松镇，面积2277.99km²，占旗总面积的29.62%。该区域海拔较高，丘陵沟壑地貌，山川起伏、沟谷密布，土壤以黄绵土为主，由于水土流失严重，大面积的砒砂岩裸露。该区域由于丰富的煤炭资源及高寒海拔、交通不便、生态退化等因素，被列为煤炭开采和重点生态移民区，人烟稀少。

东南部丘陵沟壑煤炭开采区包括薛家湾镇大部和龙口镇全部，面积1203.88km²，占旗总面积的15.65%。该区域与晋、陕黄土高原相连，沟谷发育速度很快，沟谷深切，地表破碎，出现了塬、梁、峁、坪等不同地貌。该区域同样拥有丰富的矿产资源，全国最大的煤炭露天矿即在此区域。

2.2 退耕还林实施情况

2000年准格尔旗被国家确定为全国174个退耕还林试点示范县之一，2000年、2001年实施了试点工程，2002年开始正式实施退耕还林工程项目。准格尔旗退耕还林工程要求立足地方实情，结合封山禁牧舍饲、基本农田建设、农村能源建设、生态移民和后续产业发展等系列配套措施，在加强原有植被保护的基础上，对水土流失、风蚀沙化严重的旱作耕地、低产坡耕地，有计划、有步骤地进行退耕还林。截至2006年年底退耕结束，准格尔旗退耕还林面积达 $2.21 \times 10^4 \text{ hm}^2$，2013 年年底荒山造林面积达 $4.13 \times 10^4 \text{ hm}^2$。工程涉及全旗 9 个苏木乡镇，131 个行政村，涉及退耕户 28409 户，农业人口 94716 人。如表 2-3 所示，根据准格尔旗退耕还林进程，可以划分为退耕期和后续巩固期前后 2 个阶段。

表 2-3　准格尔旗退耕还林实施情况　　单位：$\times 10^3 \text{ hm}^2$

项目＼年份	2000	2001	2002	2003	2004	2005	2006
退耕	2.67	3.33	5.33	7.00	0.53	2.80	0.40
围封造林	6.67	4.80	5.33	7.67	6.67	1.67	0.33
累计	9.33	8.13	10.67	14.67	7.20	4.47	0.73

项目＼年份	2007	2008	2009	2010	2013	总计
退耕	—	—	—	—	—	22.07
围封造林	1.33	2.00	2.20	2.00	0.67	41.33
累计	1.33	2.00	2.20	2.00	0.67	63.40

资料来源：准格尔旗林业局。

(1) 退耕期 (2000~2006 年)：由政府组织在全旗范围内选取自然条件差、生态环境脆弱地区作为项目区，集中连片，整村推进，与农户签订合同，"退还一体"承包到户，并向农户发放 180 元/年·亩（粮食补贴 140 元/年·亩，生活补助 20 元/年·亩，管护补助 20 元/年·亩）的退耕补贴。其中生态林补贴 8 年，经济林补贴 5 年。与此同时，逐步实施禁牧舍饲、封山造林，在工程造林地间种植苜蓿等牧草为舍饲养畜提供饲草；加强基本农田建设，提高耕地质量，原则上要求退耕农户人均保留耕地不少于 3 亩。

(2) 巩固期 (2007~2013 年)：2007 年之后停止退耕，主要工作是补植补造，继续荒山造林，同时由政府主导实施生态移民、农户技能培训、后续产业发展等配套项目，以稳定农户生计、巩固退耕还林成果。其中生态移民项目在薛家湾镇、沙圪堵镇、暖水乡 3 个乡镇实施，搬迁 541 户、1390 人，投资 18935 万元；后续产业山杏基地建设 12.54 万亩，油松基地建设完成 1.27 万亩，投资 450.5 元/亩。此外，伴随着退耕补助陆续到期，为进一步巩固退耕成果，政府决定延长新一轮的退耕补贴，补贴标准 90 元/年·亩（粮食补贴 70 元，管护补助 20 元），其中生态林补贴 8 年，经济林补贴 5 年。

准格尔旗退耕还林工程有效地增加了植被覆盖，减少了水土流失，取得了显著的生态效益（喻峰，2014），然而对农户生计的影响及退耕还林工程的可持续性却存在颇多问题：农户可经营耕地减少；干旱缺水条件下的基本农田建设是否有意义；偷牧屡禁不绝；经济林产品常年滞销，几乎零收入，后续产业建设无效；在产煤丰富的准格尔旗农村能源建设流于形式；生态移民入城的后续生计缺乏保障。

2.3 农户生计演变历史

特定地区的农户生计有其特定的发展路径（Deborah，2015），而其发展路径、结构、结果对现在和未来都具有一定影响（Chapin et al.，2009）。De Haan 和 Zoomers（2005）就生计路径的概念进行了阐述，并指出生计策略是农户在特定历史、经济背景下做出的选择，并受到制度与社会环境的持续影响。Deborah 等（2015）通过生计路径分析方法解析了过去事件是如何影响并可能持续影响农户的生计弹性。从社会生态系统的观点看，过去因素对事物的后续动态发展有着很大的影响，容易产生路径依赖，即：将事物的现行动态变化联系着过去事件，同时又为未来发展奠定了基础（Chapin et al.，2009）。因此，对农户生计的研究首先有必要厘清其发展的历史过程。自中华人民共和国成立以来，准格尔旗农户生计发展大致经历了以下五个阶段（准格尔旗志，1993）。

（1）1949~1955 年：完全土地产权下自主经营性农牧业生计。

1949 年，通过土地改革，农民从佃农成为土地拥有者，这期间农户主要生计为拥有土地所有权的自主经营性农牧业（广种薄收的种植业和草地放牧业）。

（2）1956~1978 年："大锅饭"下农牧业生计。

1956 年以行政命令手段强制农业合作化，土地划归集体所有，在

"工分制"管理方式下农民成为"工人式农民",农户主要生计是"大锅饭"下的农牧业生计,期间包括土地、农具、牲畜在内的所有生产资料和生产成果都收归村集体所有,农民以劳动工分换取口粮,农村完全去私有化的"大跃进"式生产不仅效率低下,而且对当地资源环境造成了严重破坏。

(3) 1979~1988 年:家庭承包责任制下农牧业生计。

1979 年开始实施家庭承包责任制(household responsibility system),尽管土地所有权仍然归集体所有,但农民拥有更加灵活的土地经营权,期间农户主要生计为拥有不完整土地产权的自主经营性农牧业,其生产方式仍是广种薄收的雨养农业和草地放牧业。同时,随着改革开放政策实施,少量农户尝试从事手工业生计活动。

(4) 1989~1999 年:农牧业与煤炭工业生计。

1989 年中央批准实施国家级准格尔煤田项目,政策扶持培训大量农民技术人员,在工业化进程中,部分农民被吸引从事煤炭开采及相关生产活动。该阶段农户主要生计为农牧业生产及煤炭工业生产。

(5) 2000 年至今:退耕还林与多样化生计。

鉴于长期的环境恶化,2000 年退耕还林工程在准格尔旗试点,并于 2002 年正式实施。退耕禁牧降低了农户农牧业生产活动强度,加之以全国工业化、城镇化的快速发展,城乡居民收入差异的扩大,以及劳动力外出就业管制的放松,都促使农村劳动力向城镇第二、第三产业加快转移。另外,随着"十五"规划落实,中国开始了以减轻农民负担为中心的农村税费改革,农户生计选择趋向农牧业、煤炭工业、相关服务业等多样化生产活动。

从以上农户生计变迁历程(见表 2-4)可以看出,自然环境资源和政策制度是干旱半干旱准格尔旗农户生计路径的重要历史载体和关键因子。农牧交错带农户生计历来秉承着为养而种、种养结合的传统农业生产方式,随着城市化、工业化进程的加快及有关政策制度的刺激,准格尔旗农户正从这种固定、单一的传统农牧业生计,转向更加自由灵活、多样化的生计。因此,本书以 2002 年为时间节点,重点分析 2002 年至今农户生计快速转变时期内农户的生计策略选择及其变化趋势。

表2-4　　准格尔旗农户生计路径演变驱动因素

阶段	驱动因素/事件	农户生计策略
1949~1955年	土地改革（1949年）	拥有土地所有权的自主经营性农牧业生计
1956~1978年	强制性农业合作化（1956年）	"大锅饭"下"工人式"农牧业生计，土地、农具、牲畜等所有生产资料及生产成果收归村集体所有，农民以劳动工分换取口粮
1979~1988年	家庭承包责任制（1979年）	拥有不完整土地产权的自主经营性农牧业生计
1989~1999年	国家级准格尔煤田项目（1989年）	政策扶持培训大量农民技术人员，农牧业和煤炭工业生计为主
2000年至今	退耕还林工程（2000年）	从事农牧业、煤炭工业、相关服务业等更加自由的多样化生计

第3章 农户生计转变：过程、格局与效应

3.1 生计转变分析框架

在已有研究中，各国学者提出了很多生计分析框架，以英国国际发展机构（DFID）提出的可持续生计研究框架应用最为广泛。然而，该框架依然存在内容泛而全、没突出重点、数据资源要求高而应用困难等缺点，尤其对生计转变动态过程缺乏清晰的描述和规范。因此，本书基于准格尔旗农牧交错区特点，根据农户生计实际情况，重点强调生计转变动态过程，构建了农户生计转变分析框架。如图3－1所示，生计转变分析的重点主要分为生计策略/模式和生计结果两大块。第一，特定区域的农户生计策略/模式，可以根据一定指标参数细分为几种类型；在空间尺度上，由于农牧

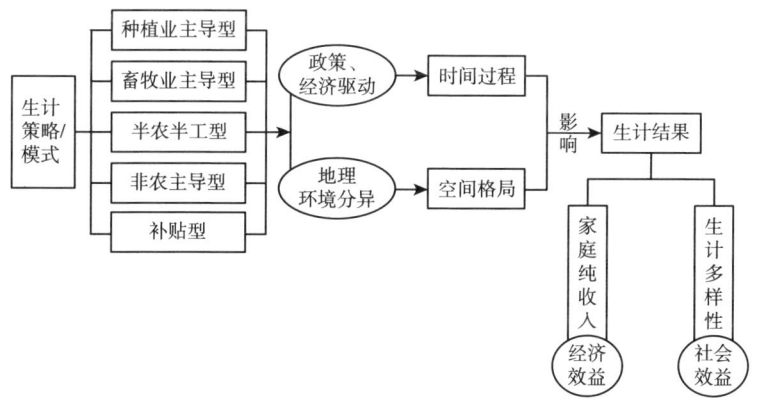

图3－1 农牧交错区农户生计转变分析框架

交错区脆弱的生态环境,各类型生计策略/模式往往随着地理环境分异而呈现出一定的地理规律性,并随之发生空间变化;在时间尺度上,由于社会经济的发展、政策制度的刺激和约束,各类生计策略/模式随时间动态缓慢演变;第二,生计策略/模式的变化必然引发生计结果的变化,带来一定的经济、社会、生态效益,具体表现为农户家庭收入、生计稳定性(生计多样性)等变化。

因此,本章将在此框架基础上,根据农户从事职业和收入结构等指标,综合定性定量方法,将准格尔旗农户生计策略/模式划分为5种类型;基于时间序列数据,分析各类型生计策略/模式2002~2014年动态演变过程,并厘清相关驱动因素/事件;截取2002年和2014年空间数据(农户GPS信息),分析准格尔旗地理环境与农户生计空间格局及其变化;根据家庭纯收入、生计多样性两个主要指标,评价准格尔旗农户生计转变的社会经济效益。

3.2 数据与方法

3.2.1 数据说明

根据实际情况和研究需要,本章基于2002~2014年长时间序列数据对准格尔旗农户生计变化进行动态分析。其中,对生计策略的时间演变和生计结果(家庭纯收入、生计多样性)的动态分析是基于2002~2014年长时间序列数据;对生计策略的空间演变,由于过程比较复杂且规律性不够明显,则基于2002年和2014年的截面数据做两年的对比分析。

3.2.2 研究方法

(1)生计模式划分。

不同地区的农户生计以各种形态出现,基于不同标准可以将其划分成不同模式(见表3-1)。其中,基于"收入结构和职业"的生计划分方法能清晰直观地识别和表述农户生计状况,因而最为广泛采用。然而,

表3-1中各描述不一定适用于我国北方农牧交错带特定条件下的农户生计情况。此外,多数研究将农户收入结构简单地区分为农业收入和非农收入,较为含混笼统(Alemu,2012;Barrett et al.,2000,2001),且由于人口老龄化和系列政策补贴,现今中国农村存在着大量农户依赖政府补贴和子女抚养而生存的依赖型生计。因此,为有效分析依赖型农户生计,本书将退耕补贴、养老补贴、生态补偿、家庭抚养和农村低保等各项补贴性收入单独提取出来加以分析。根据准格尔旗地处农牧交错带和高度工业化的特点,基于几乎所有农户家庭都不同程度地从事多样化职业等现实情况,我们采用定性、定量相结合的划分方法,将准格尔旗农户生计划分为种植业主导型和畜牧业主导型(此两者统称为农业主导型)、半农半工型、非农主导型和补贴型(依赖型)(Wu et al,2017)。具体划分过程分为两步:

第一步,根据农户收入结构指标,如种植业收入比率、畜牧业收入比率、非农业收入比率和补贴性收入比率等,对农户进行定量划分,并设定阈值为60%和40%。在此过程中大多数农户能被定量区分,剩余少量农户处于临界范围有待进一步划分。

第二步,根据农户所从事生计特征,参考相关的辅助性指标,如农户耕种面积、农产品销售消费比例、牲畜存栏数量、劳动力分配状况、年龄和专业技能等,综合定性地对农户所属生计模式进行归类。例如,对某些农户而言,其生计主要在家务农,但其种植业收入和畜牧业收入比重都小于60%,可以根据这些农户的种植面积、牲畜存栏数量以及种植业农产品是否主要用于销售来判断其属于种植业主导型还是畜牧业主导型。

表3-1 准格尔旗农户生计划分

划分依据		农业主导型		半农半工型	非农主导型	补贴型
		种植业主导型	畜牧业主导型			
收入结构(定量)	主要指标	种植业收入比重≥60%	畜牧业收入比重≥60%	均衡的农业收入(A)与非农收入(B):A+B≥60%且6:4≥A:B≥4:6	非农收入[a]比重≥60%	补贴性收入[b]比重≥60%

续表

划分依据		农业主导型		半农半工型	非农主导型	补贴型
		种植业主导型	畜牧业主导型			
生计手段（定性）	辅助性指标	种植业为主，耕种面积较大或从事设施农业，且农产品主要用于销售	畜牧业为主，存栏性畜较多，且种植业农产品主要用于自己消费	农忙时在家务农，闲时外出务工	非农就业为主，大部分时间在外谋生，有一定专业技能和文化水平	老龄化劳动力，以子女赡养、各项补贴性收入为生

注：a 非农收入主要指工资性收入、经商、副业和流动性零工收入。
　　b 补贴性收入主要指退耕补贴、养老补贴、生态补偿、子女赡养和农村低保收入等。

（2）生计多样性指数。

学界衡量生计多样性常用的方法有两种：第一种方法是以农户参与的生计活动种类为基础的单维度计算方法，即：农户参与的各项生计职业、活动赋值为1，多项加总为生计多样性指标值（阎建忠等，2009；魏雯等，2011）；第二种方法是同时考虑农户所参与生计活动种类和各项生计活动收入比重的二维计算方法，即 Herfindahl – Hirschman 指数倒数，其内在含义是：农户收入来源、途径越多，各项收入占总收入的比重越均衡，则生计多样性指数越高，农户生计风险越低，生活水平越稳定（Zhao and Barry, 2013）。经过现有实证研究，第二种计算方法更符合我国农村实情，也能更精确地反映农户生计状况（Chang, 1997；Ellis, 2000；Zhao and Barry, 2013；Liu and Lan, 2015）。因此，本书采用反 Herfindahl – Hirschman 指数的二维计算方法。

$$HDI = \frac{1}{\sum_{h=1}^{n} IP_h^2} \qquad (3-1)$$

其中，HDI 代表农户生计多样性指数；IPh 代表各项生计活动收入占总收入的比重；n 指特定农户所参与生计活动的数量。根据准格尔旗农户生计特点，本书将农户生计活动划分为农业类、非农业类、补贴类三种类型，其中，农业类再分为种植业类（包括粮食作物、经济作物和苗木、种子等生产活动）和畜牧业类（肉、皮毛生产）；非农业类分为技术类就业（指固定安稳的长期就业，需要一定知识技能、文化水平和良好的健康条件，如服务产业、城市建设、制造业等工作）和非技术类就业（指临时短期的零工或文化水平较低、易被替代的工作，如农忙时帮工，水库、道路、沟渠等农业基础设施建设劳工，清洁工，搬运工等）；补贴类包括生态退耕、生态移民、参与养老保险、土地征收、获评低保户等活动。相应地，生计收入种类分为种植业收入、畜牧业收入、技术类非农就业收入、非技术类非农就业收入和补贴性收入 5 类。一般而言，以上 5 类几乎覆盖了准格尔旗农户所有的收入活动。生计多样性指标取值范围为 [1，5]。

3.3 生计模式/策略时空演变

3.3.1 农户生计模式/策略

（1）种植业主导型。

种植业主导型（planting oriented mode，POM）农户以种植业为主要生计，其收入比重≥60%，伴有少量畜牧养殖以满足家庭肉类需求，偶有打零工补贴家用。其种植业内容主要包括玉米、土豆等高产粮食作物，葵花油料、瓜果蔬菜等经济作物，及种子、苗木等特殊种植业。种植业主导型农户主要特点是往往拥有相对肥沃的或较为丰富的耕地资源，或邻近城市市场便于时蔬销售，或拥有一定种植技术经营设施农业，其农作物产品主要用于销售。种植业主导型生计起初是农户在禁牧高压下无奈做出的选择，以传统粮食作物（玉米、土豆等）为主，沿袭过去广种薄收粗放式生产方式，谋求收入，在后续市场刺激和政府引导下逐渐转向经济作物和苗木种植，生产方式也逐步转向专业化和规模化。

（2）畜牧业主导型。

畜牧业主导型（stockbreeding oriented mode，SOM）农户主要以畜牧养殖为主，同时兼顾"为养而种"的种植业，类型划分畜牧业收入占比≥60%。畜牧业主导型农户主要特点是更加重视畜牧养殖，一般存栏牲畜数目较大，主要有山羊、绵羊、猪、家禽以及特殊经济动物（如麋鹿等），而种植业农产品主要用作牲畜的补充饲料。过腩增值，畜牧业能为农户适应恶劣环境、提高收入提供有效保障，因而畜牧业主导型生计，是农牧交错带最为典型传统的生计类型。在退耕禁牧之前，放牧方式将畜牧养殖的生产成本转移为环境成本，农户收益率高因而被广泛采用；退耕禁牧之后，农户被强制舍饲圈养，养殖成本陡升，因而养殖规模大幅降低，畜牧业主导型农户被迫向其他生计类型转移。

（3）半农半工型。

半农半工型（half labour and half peasant mode，H-HM）生计既保持农业生产，又同时参与第二、第三产业生产，增加了收入来源。其农业收入和非农收入较为均衡，类型划分时比重设定于40%~60%之间。半农半工型农户主要特点是家庭劳动力数量相对大，劳动力分配"男主外女主内"，即男性一般在外务工（农忙时在家务农，农闲时在外务工），女性在家务农。半农半工型农户处于由农业生计向非农生计的转型的过渡阶段，属于过渡型生计。

（4）非农主导型。

非农主导型（non-agriculture oriented mode，N-aOM）生计以非农就业为主，其非农收入占比≥60%。非农主导型农户特点是大部分时间在外谋生，有一定专业技能和文化水平。根据调研得知，准格尔旗非农主导型生计大多从事煤炭开采、煤化工业及其相应的服务业（如煤炭运输、环境清洁）为主。

（5）补贴型。

补贴型（subsidized mode，SM），又称为劳动力流失型（labor-losing mode，L-LM）或退休型（retired mode，RM），此类农户多为留守老人，子女已分家或迁向城镇，主要依赖于子女赡养、养老补贴、农村低保、退耕补贴、生态补偿等补贴性收入生活，其补贴性收入≥60%。其主要特点是劳动力老龄化，从事小规模种植业或养殖业用于自给，大量农地抛荒。补贴型农户的出现主要是城镇化对农村劳动力的吸引和人口老龄化的作用，对应农村的空心化。

3.3.2 生计模式/策略时间演变

如表3-2和图3-2所示，除2005年、2006年因粮食直补政策、取消农业税刺激突起,种植业主导型生计比例在2002~2010年一直较低且变化不大。2010年之后略有上升,这是因为种植专业户的逐步成熟,如苗木制种专业户、瓜果时蔬大棚种植等设施农业专业户,尤其以黄河南岸平原区"公司+基地+农户"模式下的种植业专业户为典型,受到了当地政府的大力扶持。畜牧业主导型生计由于禁牧政策的高压,其比例显著下降,并伴随着肉类市场的波动而波动。因此,10多年来农业主导型生计比例也呈波动降低的趋势。

表3-2 2002~2014年准格尔旗农户生计模式演变 单位:%

年份	农业主导型			半农半工型	非农主导型	补贴型
	种植业主导型	畜牧业主导型	汇总			
2002	4.19	32.93	37.13	24.55	27.54	10.78
2003	5.15	26.47	31.62	27.94	36.03	4.41
2004	3.64	33.64	37.27	22.73	32.73	7.27
2005	15.05	21.51	36.56	18.28	31.18	13.98
2006	15.38	25.27	40.66	19.78	31.87	7.69
2007	4.67	28.97	33.64	5.61	46.73	14.02
2008	3.57	17.14	20.71	3.57	60.00	15.71
2009	3.93	23.60	27.53	8.43	54.49	9.55
2010	2.27	18.18	20.45	8.33	43.18	28.03
2011	7.32	12.20	19.51	9.76	46.95	23.78
2012	4.43	10.34	14.78	4.93	60.59	19.70
2013	7.73	13.64	21.36	5.00	48.18	25.45
2014	7.89	13.16	21.05	5.92	50.00	23.03

半农半工型生计作为农业生计向非农业生计转型的过渡类型,其比例明显下降,从2002年的24.55%降至2014年的5.92%。根据调研结果,在准格尔旗快速城镇化、工业化拉动下,此类型生计的大多数农户成功地转向了非农就业。2006年半农半工型农户比例的急速降低主要是因为当地生态移民的直接作用。

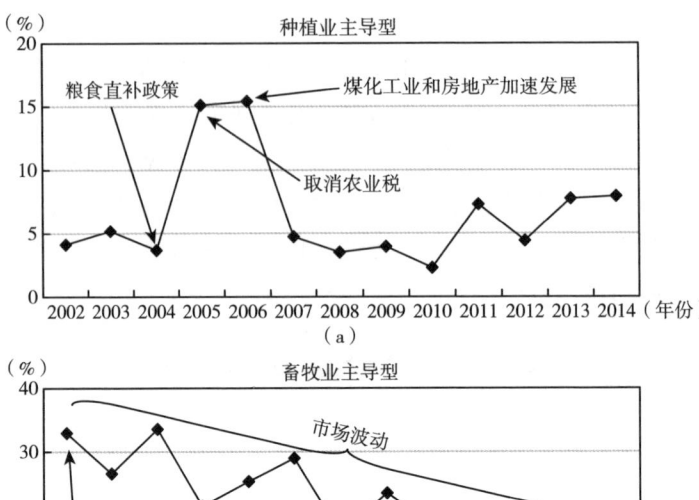
(a)

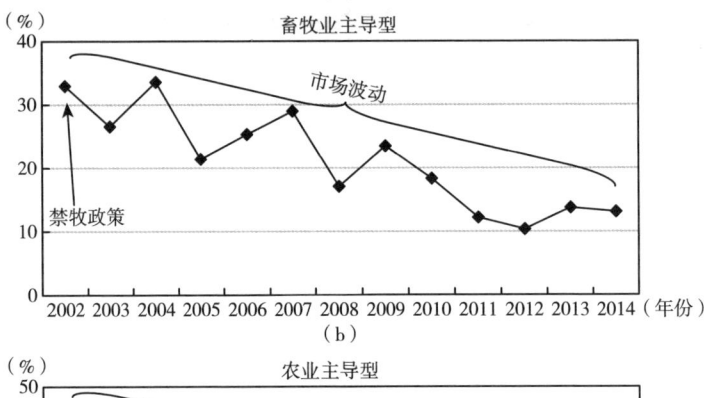
(b)

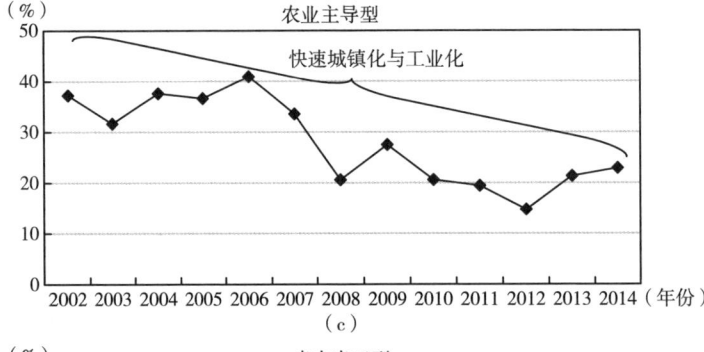
(c)

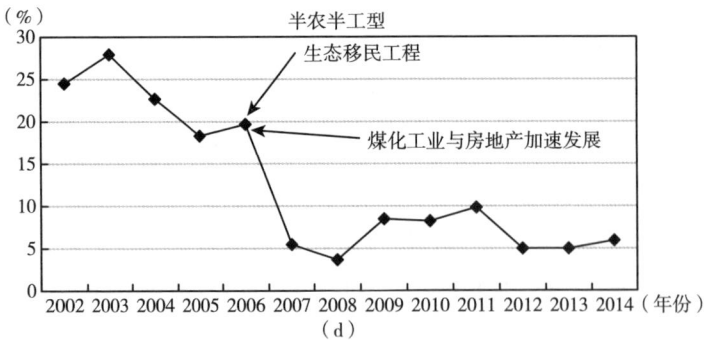
(d)

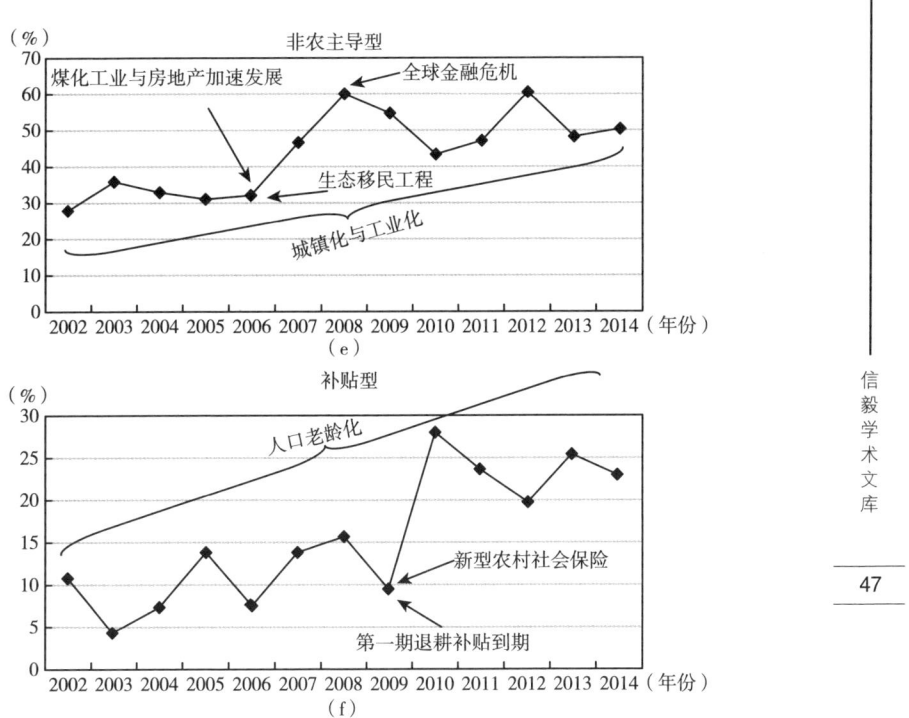

图 3-2 不同生计模式演变及驱动因素

相反地,非农主导型和补贴型(退休型)生计比例明显上升。由于城镇化拉动和退耕还林、生态移民等政策倒逼,大量农村劳动力转向非农业部门,尤其是在 2006~2014 年当地经济高速发展阶段,城乡居民收入差距加速拉大,非农主导型生计比例快速爬升。尽管有 2008 年全球经济危机的冲击,非农主导型生计比例仍在波动中上升,并于 2014 年达到 50.00%。退休型生计比例也同步上升,数据显示是因为养老补贴、退耕补贴、圈养补贴等补贴性收入的提高。在 2009 年时点,因为第一期退耕补贴到期而第二期补贴还未及时跟上,同时新型农村养老保险刚刚起步,当年农户补贴性收入较低,因而退休型生计划分比例较小。总体而言退休型生计比例上升趋势明显,且其真正原因在于人口老龄化。

表 3-3 和图 3-2 列出了 2002 年到 2014 年间驱动农户生计转变的主要政策/事件,不同模式下的农户生计对政策的敏感度和受影响方式不尽相同。在城镇化、工业化背景下,退耕还林政策对农户生计转变有着最为

深远的影响（Liu and Lan，2015；Xu et al，2006），而其他政策措施，包括禁牧政策、粮食直补政策、取消农业税、生态移民政策等都可以看作为推动农户生计转变的配套、辅助性政策。

表 3 – 3   准格尔旗农户生计演变主要驱动因素/事件

年份	驱动因素/事件	对农户生计的影响
2002	退耕还林、禁牧舍饲全面正式实施	退耕禁牧限制了农户对土地资源的利用强度，产生更多农村剩余劳动力并迫使向非农就业转移
2004	粮食直补政策实施	提高农户从事农业生产的积极性，部分农户返农
2005	取消农业税	提高农户从事农业生产的积极性，部分农户返农
2006	生态移民工程实施；准格尔旗社会经济进入高速发展期	生态移民"手术式"地迁移农户进城（规模之大者如暖水乡的整乡移民），从事非农就业（刘继英，2011）；经济高速发展（准格尔旗统计局，2006）、城乡居民收入差距拉大，进一步拉动农户进城谋生
2008	全球金融危机波及	外部经济不景气，农民务工成本增加，部分农民返乡务农
2009	第一轮退耕补贴到期；农村新型养老保险开始实施	补贴性收入波动，对老龄化农户家庭影响较大，如迫使农户返耕、放牧

3.3.3　生计模式/策略空间格局

如图 3 - 3 和图 3 - 4 所示，准格尔旗地广人稀，农户分布比较分散。种植业主导型生计往往出现于邻近市场的城郊地区和地势平坦、水土条件较好的具有农业优势的村落。退耕禁牧实施之前此类生计的农户较少，零星分布于薛家湾镇和沙圪堵镇城区周边和黄河南岸平原地区；退耕禁牧实施之后，农户生计被迫转型，逐步形成了现代化、集约化的种植专业户，种植各种时令蔬菜瓜果供应城市市场，以黄河南岸平原区为典型，已发展成现代化、规模化的农牧业生产示范基地。畜牧业主导型生计在退耕禁牧实施之前遍布准格尔旗全境，为农户广泛采用；禁牧舍饲实施之后，因人工草料制约，现以黄河南岸平原区和库布齐沙漠水土条件较好的区域较为集中，其他地区零星分布。

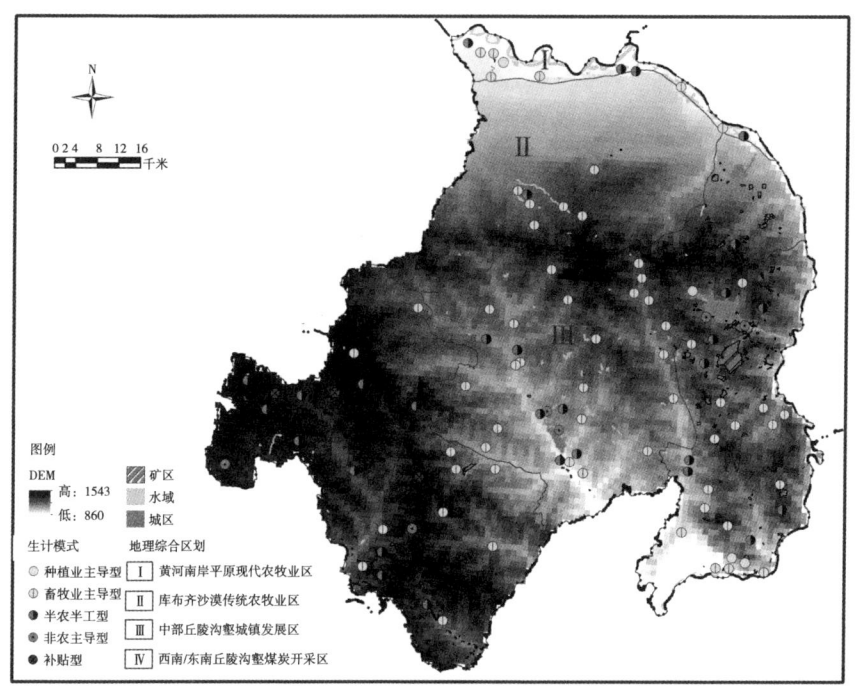

图 3-3　退耕禁牧前准格尔旗农户生计空间格局示意图（2002 年）

半农半工型生计一般被在城区、工业区（矿区）附近或偏远地区但拥有优质耕地且家庭劳动力相对较多的农户所采用。退耕禁牧实施之初主要集中于西南、东南部煤炭开采区和中部沙圪堵、薛家湾城区周边；退耕禁牧实施之后，大量半工半工型农户逐渐向非农就业转型，比例大幅降低，尤其是矿区半工半工型农户大多搬迁至城区，现于沙圪堵镇、薛家湾城区周边少量分布。非农主导型生计退耕禁牧之前少量分布在西南部煤矿开采区和中部沙圪堵城区周边；退耕禁牧之后农户生计快速非农化，并主要向县城转移，现今大量密集出现在薛家湾新城周边。

补贴型生计在退耕禁牧之前数量较少，退耕禁牧之后由于人口老龄化、劳动力迁移等原因，几乎在所有农村都有出现，而在生态退化、环境污染的西南部煤矿开采区和中部交通闭塞的偏远地区更为集中。

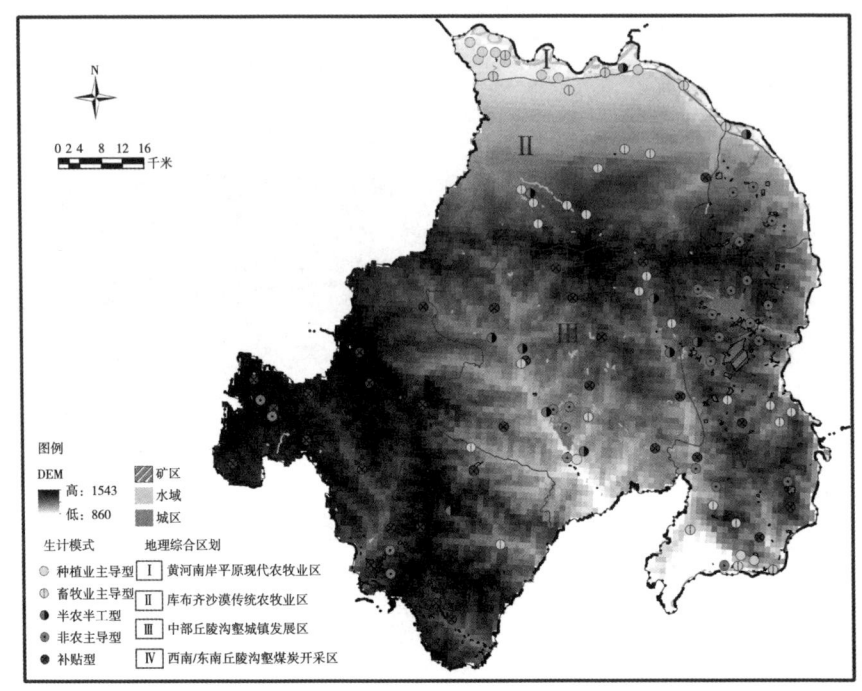

图 3-4 退耕禁牧后准格尔旗农户生计空间格局示意图（2014 年）

3.4 生计结果变化

3.4.1 家庭纯收入

根据调研数据统计结果，表 3-4 和图 3-5 展示了准格尔旗不同生计类型农户家庭纯收入的历年变化情况。与官方统计公布农民收入增长情况一致，准格尔旗农户家庭纯收入总体上呈逐步快速上升趋势，从 2002 年的户均 0.77 万元增至 2014 年的 2.86 万元。其中，非农主导型生计农户家庭纯收入历年来都处于最高水平，远大于其他生计类型，且呈逐步快速上升趋势，从 2002 年的户均 1.05 万元增至 2014 年的 4.09

万元。其次为半农半工型生计，家庭纯收入水平仅次于非农主导型，其增长态势也与非农主导型高度一致，从 2002 年的户均纯收入 0.92 万元增至 2014 年的 3.48 万元。种植业主导型和畜牧业主导型生计家庭纯收入变化过程高度共振，2002~2009 年缓慢增长且都处于较低水平，2009 年之后由于政府引导种植、养殖专业户的出现和成熟，收入水平大幅增长，并在 2013 年、2014 年达到纯收入 2 万~3 万元水平。畜牧业主导型生计收入水平略大于种植业主导型。补贴型（退休型）生计的农户家庭纯收入一直处于最低水平且经历了先降低后升高的过程：由于劳动力老龄化，2002~2009 年家庭纯收入从 0.49 万元降低至 0.27 万元，2009 年之后由于新型养老保险的实施及地方财政补贴，缓慢升高至 2014 年的 0.83 万元。

表 3-4　　　2002~2014 年准格尔旗不同农户家庭纯收入　　　单位：万元

年份	种植业主导型		畜牧业主导型		半农半工型		非农主导型		补贴型		总体水平	
	均值	标准差	均值	标准差	均值	标准差	均值	标准差	均值	标准差	均值	标准差
2002	0.51	0.47	0.50	0.40	0.92	0.84	1.05	0.59	0.49	0.25	0.77	0.64
2003	0.63	0.76	0.52	0.31	0.86	0.49	1.25	0.64	0.43	0.05	0.86	0.63
2004	0.71	0.75	0.51	0.36	1.21	0.70	1.63	1.03	0.51	0.03	1.02	0.87
2005	0.64	0.58	0.90	0.72	1.38	1.36	1.67	1.48	0.30	0.11	1.11	1.17
2006	0.61	0.56	0.68	0.65	1.69	1.90	2.00	1.33	0.26	0.15	1.07	1.25
2007	0.77	0.48	0.88	0.07	1.44	0.48	1.88	1.49	0.13	0.07	1.21	1.31
2008	0.56	0.82	0.59	0.60	1.65	0.84	2.56	1.98	0.16	0.15	1.94	1.91
2009	0.70	0.91	0.80	0.73	1.44	1.31	2.41	1.90	0.27	0.22	1.73	1.72
2010	1.03	1.10	1.11	1.03	2.40	2.23	3.39	2.04	0.71	0.74	2.10	1.83
2011	1.17	0.55	1.31	1.08	2.10	0.86	3.27	1.95	0.56	0.52	2.13	1.49
2012	1.59	1.30	2.55	1.51	1.76	1.62	3.20	2.18	0.63	0.33	2.58	2.10
2013	2.57	2.25	3.02	2.56	3.16	2.91	4.14	2.63	0.76	0.60	2.70	2.59
2014	2.03	1.32	2.67	1.74	3.48	2.90	4.09	2.57	0.83	0.39	2.86	2.53

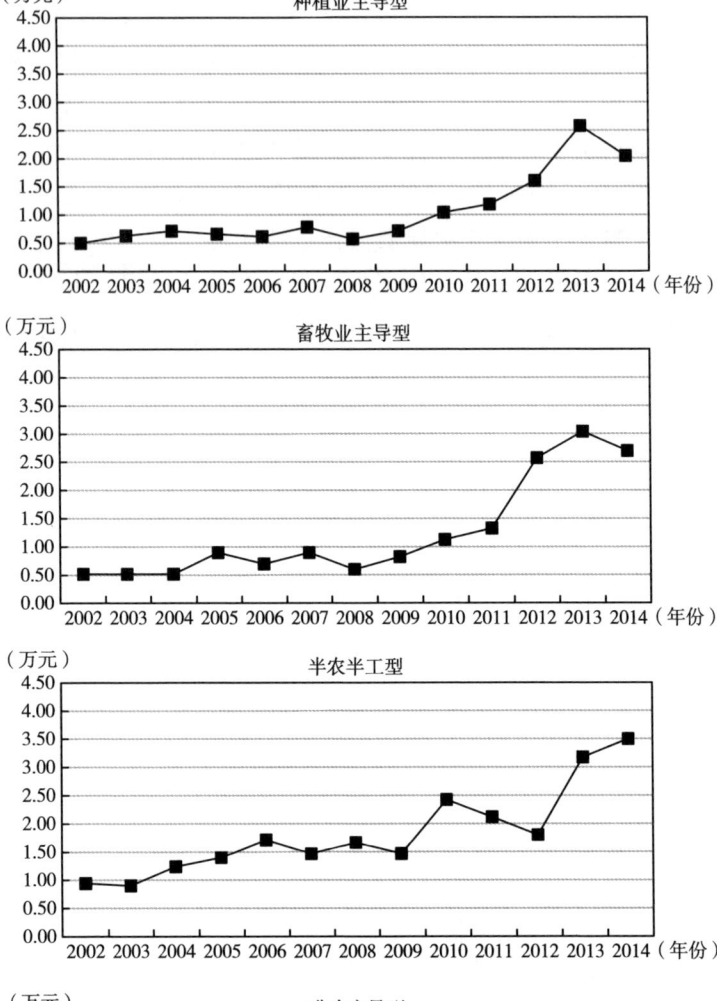

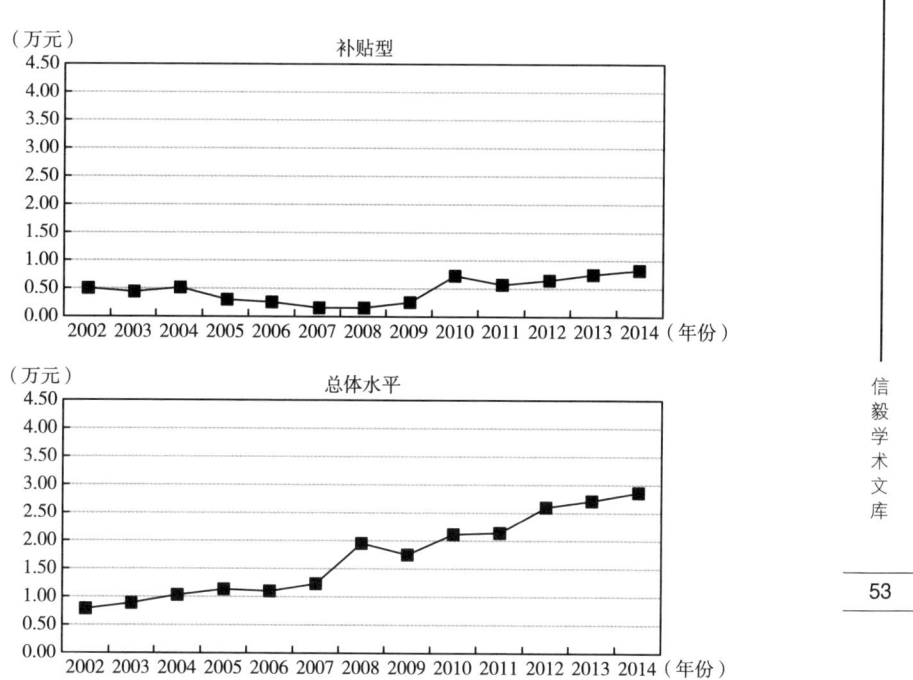

图 3-5 准格尔旗不同类型农户家庭纯收入变化

从图 3-5 中可以看到，非农主导型和半农半工型家庭纯收入水平较高，但波动性也较大，说明准格尔旗农户的非农就业仍具有不稳定性和低层次性。种植业主导型和畜牧业主导型生计家庭纯收入变化过程高度共振，但后者只略大于前者，说明准格尔旗种植业与畜牧业密切相关，但禁牧政策抑制了畜牧业"过脯增值"、为农增收的优势。而且，成功转型的种植专业户和畜牧养殖专业户毕竟占少数，农与非农就业收入仍然差距很大。

3.4.2 生计多样性

表 3-5 和图 3-6 显示了不同类型农户生计多样性指数的历年变化情况。准格尔旗农户生计多样性总体上呈明显下降趋势，从 2002 年的平均 2.34 降至 2014 年的 1.89。这基本符合准格尔旗实情：依托丰富的矿产资源实现快速工业化和城市化，在高度工业化、城市化背景下，劳动力分工的进一步细化和专业化，单个农户就业自然日趋专一，"艺多不养家"是农户生计专一化的写照。

表3-5　　　2002~2014年准格尔旗不同农户生计多样性

年份	种植业主导型		畜牧业主导型		半农半工型		非农主导型		补贴型		总体水平	
	均值	标准差	均值	标准差	均值	标准差	均值	标准差	均值	标准差	均值	标准差
2002	2.34	0.60	1.66	0.51	2.67	0.48	1.68	0.33	1.78	0.25	1.95	0.61
2003	2.57	0.72	1.94	0.59	2.73	0.38	1.81	0.42	1.71	0.41	2.09	0.62
2004	2.49	0.10	1.72	0.54	2.78	0.41	1.72	0.28	1.85	0.14	1.94	0.60
2005	1.99	0.63	1.92	0.74	2.64	0.39	1.45	0.38	1.74	0.24	1.88	0.65
2006	1.94	0.51	1.82	0.69	2.59	0.29	1.46	0.37	1.65	0.23	1.85	0.61
2007	2.06	0.83	1.51	0.29	2.41	0.28	1.34	0.27	1.68	0.31	1.52	0.41
2008	1.93	0.68	1.56	0.35	2.60	0.51	1.39	0.34	1.45	0.59	1.49	0.47
2009	1.63	0.43	1.49	0.42	2.42	0.36	1.38	0.39	1.79	0.44	1.52	0.49
2010	1.63	0.40	1.68	0.40	2.59	0.49	1.44	0.39	1.27	0.36	1.52	0.50
2011	1.67	0.61	1.72	0.46	2.58	0.63	1.50	0.47	1.50	0.43	1.60	0.53
2012	1.75	0.63	1.66	0.66	2.33	0.40	1.32	0.37	1.21	0.35	1.40	0.48
2013	1.50	0.38	1.49	0.35	2.44	0.49	1.28	0.36	1.13	0.29	1.34	0.45
2014	1.80	0.61	1.60	0.47	2.61	0.50	1.49	0.44	1.33	0.45	1.58	0.56

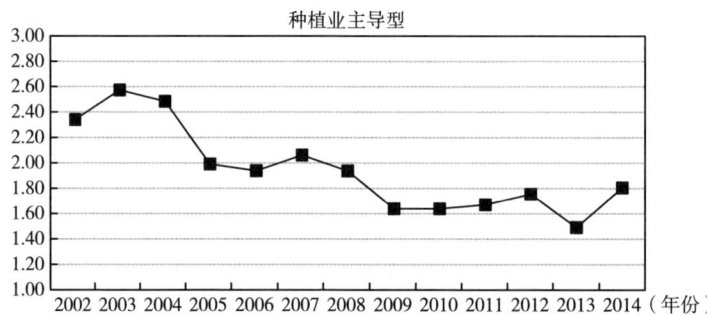

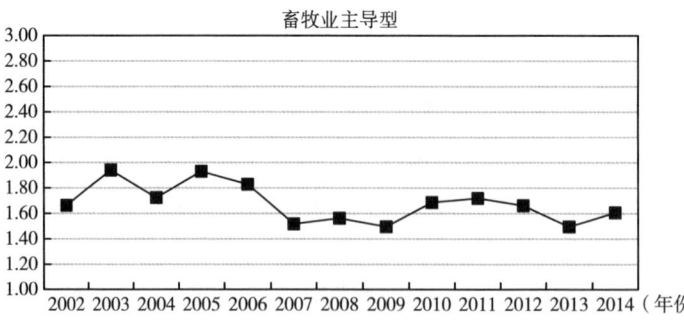

第3章 农户生计转变：过程、格局与效应

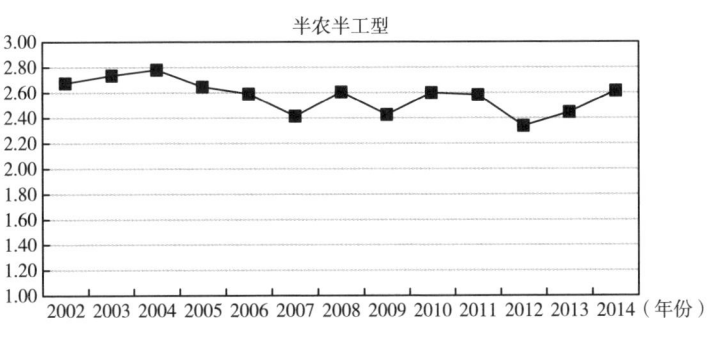

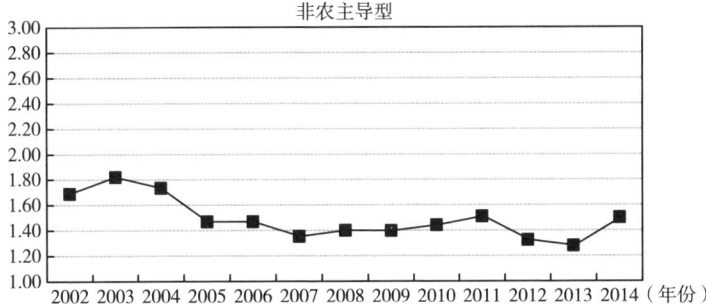

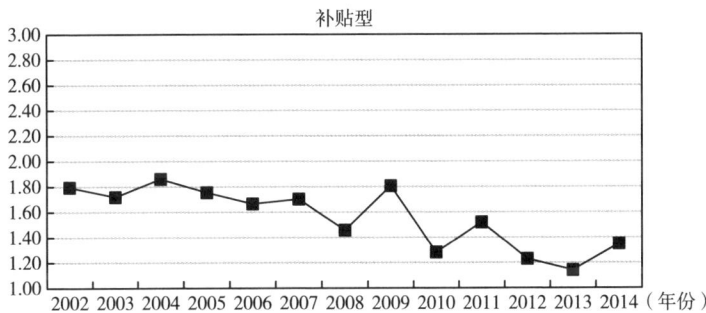

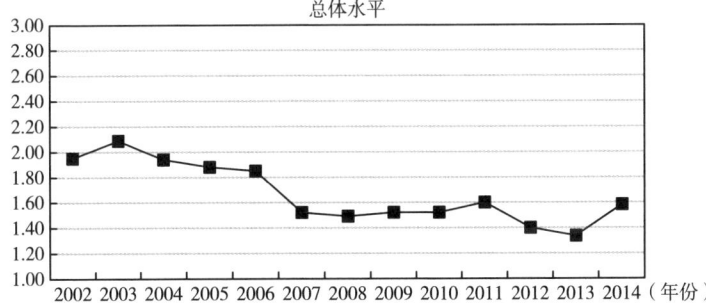

图 3-6 准格尔旗不同类型农户生计多样性变化

其中，半农半工型生计多样性指数历年来最高且远高于其他类型，虽有波动但变化不大，这是因为此类生计农户处于由农业转向非农就业的摸索、转型阶段，同时兼顾着农业生产和非农就业，各项收入较为均衡。其次为种植业主导型，呈波动下降态势，这是因为此类农户收入水平较低（仅高于除补贴型农户），需时不时地做点兼职以补贴家用，而后期因为政府引导逐渐形成专业户，生计日趋专一，生计多样性指数随之下降。畜牧业主导型生计多样性指标值虽有波动但变化不大，后期与种植业主导型生计多样性水平相当。非农主导型生计多样性一直处于较低水平，这是因为巨大的城乡收入差距使农户一旦转入了非农部门将更加倾向和专一于高收入的非农就业，而不再考虑务农等生计手段。2002~2007年（即退耕阶段）由于退耕禁牧政策的推力和城市化、工业化的拉力，非农主导型农户日益向非农就业倾斜和分化，生计多样性指数快速下降，2007年之后基本维持在1.40水平波动不大。这与准格尔旗农户生计多样性总体水平的变化过程具有高度一致性。补贴型生计多样性呈显著的波动下降趋势，这是因为老龄化劳动力随着年龄的增长逐步丧失劳动能力，只能越来越依赖子女赡养和政府补贴，收入来源越发单一，甚至在2013年接近于1的水平。

3.5 本章小结与讨论

3.5.1 讨论

与其他地区的类似研究相比，各地农户生计策略/模式尽管描述不一，但都具有一些可寻共同点及区域差异，其转变过程既有相似性也有差异性（BanchirigahHilson, 2010; Bhandari, 2013; Tian et al., 2016; Liu and Liu, 2016; Huang et al., 2017）。一般而言，非农就业和畜牧养殖在多数地区已被证实是减少贫困和提高农户生计的有效途径（Ashley, 2000; Soltani et al., 2012; Tesfaye et al., 2011; 任继周等, 1995），这与本书的非农主导型生计和畜牧业主导型生计相呼应。而从事传统农业等其他生计活动并不如此高效盈利，造成了城乡地区巨大的收入差距（Long et al.,

2011；Liu et al.，2014；Li et al.，2015）。因此，在城镇化和工业化大趋势的背景下（Hilson，2010；Long，2014a；Liu et al.，2014），农村地区农户生计转变的主流趋势是迁入城镇寻求非农就业或在农业部门转向更加高产、高效的农业生产（Barrett et al.，2001；Feng，2008；Mullan et al.，2011；Hu et al.，2011；Bhandari，2013；Tian et al.，2016）。在这转变过程中，一些过渡性的和新的生计策略/模式随之出现，并根据不同地区的经济发展水平、自然资源条件、政策制度和文化风俗等差异而进一步分化（Liu and Liu，2016）。但只要成功实现高度城镇化和工业化，农村地区不同生计策略/模式的收入水平将会与城镇居民收入水平相当（Tian et al.，2016）。通往成功生计的途径是多种多样的，准格尔旗五种生计模式在农牧交错带都有其发展潜力，有待进一步的提升转变。

在资源依赖型地区，尤其是发展中国家，采矿业一方面促进了经济发展创造了非农就业（Ghose and Roy，2007；Kwai and Hilson，2010；Cartier and Burge，2011）；另一方面也同时损害了农户的自然资产和人力资产，阻断了农户的农业生计，对大多数小型农户来说导致了持续贫困（Hilson，2010；Banchirigah and Hilson，2010；Lu and Lora-Wainwright，2014）。面对如此困境，一些处于工业化进程中的地区，如非洲加纳（Banchirigah and Hilson，2010）和塞拉利昂（Maconachie，2011），开始重新考虑通过恢复个体农业兼顾私人采矿业来促进农户生计多样化。同理，在准格尔旗应该重视农业和非农业生计的有效协调来提高农户生计多样性。

3.5.2 本章小结

根据农户从事职业和收入结构，通过定性定量综合集成方法，农牧交错区农户生计可以划分为种植业主导型、畜牧业主导型、半农半工型、非农主导型和补贴型5类。不同生计类型表现出显著的差异性和地理规律性。

（1）种植业主导型农户2009年之前由于大多秉承着广种薄收的传统低效生产方式，其收入历年来较低（仅高于补贴型农户）且增长缓慢，不得不兼职零工保持着较高生计多样性以增加收入，因而此类农户比例较少。由于退耕还林政策的倒逼和政府有效的引导，2009年之后，形成了以瓜果时蔬、苗木制种为主的种植专业户，并日趋成熟，因而此类型农户比例有小幅上升趋势，其家庭收入水平逐渐提高并向其他类型农户靠拢，生计多样性表现为专一化趋势。在空间分布上，此类农户由零星分散布局逐渐向水土条件较好的黄河南岸平原区聚集。

（2）畜牧业主导型生计为农牧交错带传统的生计模式，在禁牧政策影响下，该类农户改放牧为圈养舍饲，生产成本陡增，致使其收入水平虽仅次于但也远低于非农主导型（除半农半工过渡性生计外）。因而该类型农户比例逐年快速下降，从2002年的全旗境内遍布到现今仅集中于黄河南岸与库布齐沙漠水土条件较好的少数地区。

（3）半农半工型生计属于由农业向非农业转型的过渡型生计，此类农户由于同时兼顾农业生产和非农业就业，历年来生计多样性指标值最高且基本稳定；其家庭纯收入也随着城镇化与经济发展的大趋势而逐步提高，并仅次于非农主导型农户。由于半农半工型农户不断向非农主导型转变，尤其是西南、东南部矿区半农半工型农户在生态移民政策影响下大量迁移至城区，因而，其比例逐年快速下降。

（4）非农主导型农户比例呈明显上升趋势，主要集中在县城城镇周边，少量分布于矿区，其收入水平为各类农户中最高并逐年稳步上升，但其生计多样性比较单一，尤其是矿区非农主导型农户大多从事采掘、运输等低端工作，失业风险较大。

（5）补贴型农户主要依赖子女赡养、政府补贴而生存，收入水平在各类农户中最低，生计多样性也日趋单一。该类农户从起初的零星分布到全旗遍布的大量涌现，是农村劳动力迁移与老龄化的必然结果，并因此引发"空心村"、土地抛荒等一系列问题。

在快速工业化、城镇化背景下，准格尔旗农户生计变化不仅体现在农业生产内部的转变，也体现在大量农户向非农部门就业的外部转移。农业生产内部变化表现为（种植业主导型和畜牧业主导型农户）一改过去广种薄收、过度放牧的粗放式生产方式，转变为针对农业优势地区实现集约化、规模化的专业种植和圈养舍饲，但这种变化目前只在黄河南岸平原区少数个别村庄较为显著。非农就业的外部转移表现为生计策略/模式由传统的畜牧业主导型转向非农业主导型。这些转变的结果是农户家庭收入水平的持续上升以及对当地环境压力的大幅缓和，同时也带来了"空心村"、补贴型农户的增加和生计多样性单一化的风险。

第 4 章　退耕还林政策生计影响机制：对生态扶贫的启示

从准格尔旗农户生计时空演变过程（详见第 3 章）可以看出，驱动农户生计变化的因素复杂多样，既有国家政策、经济波动等宏观因素的驱动，又有地理环境区域差异的影响，还有农户个体条件差异等微观因素的制约。如前所述，退耕还林政策的实施是准格尔旗农户生计转变的标志性事件，因此，本章节重点分析近年来退耕还林这一代表性宏观政策对农户生计的影响：截取 2002 年、2007 年、2014 年即退耕还林实施前、中、后三年数据，分阶段（退耕阶段和巩固阶段）定量分析退耕还林政策对农户家庭纯收入、生计多样性和农牧业系统环境负载率、能值产出率、系统可持续性的影响。

4.1　理论分析：生计减贫与生态建设

自 20 世纪末以来，农村贫困与生态环境保护一直是个热点话题（World Bank，1992；Liu and Lan，2015）。由于贫困与环境恶化往往对立统一、互为因果，两者关系错综复杂难以权衡（Leonard，1989，Sanfo and Gérard，2012）。近年来，为促进社会经济发展转型、保护生态环境，我国政府开创性地提出"生态文明"概念框架，并将其纳入《中华人民共和国宪法》（Hansen et al.，2018；Frazieret al.，2019）。在此框架下，国家发改委、国家林业局等 5 部委联合发布于 2018 年进一步发布实施了"生态扶贫工作方案",旨在通过一系列的生态建设工程项目实现农村减贫与生态保护的双赢（Shen and Yang, 2016；李晓梅，2018）。

退耕还林作为世界上最大的生态建设工程之一，规模大、花费多、时间长（Bryan et al., 2018）。为遏止水土流失缓解环境压力，退耕还林于1999年开始启动，最初计划在2010年年底退耕1463万公顷15°以上的坡耕地、增加1733万公顷的绿地覆盖面积（Bennett, 2008；Yin and Yin, 2010）。然而，在实施过程中，由于参与农户面临失地和贫困风险且一时难以找到替代性生计，退耕还林遭到农户不同程度的响应或抵制（Grosjean and Kontoleon, 2009；Li et al., 2018）。政策制定者逐渐意识到农户生计问题对于退耕还林的重要性和迫切性，决定延长工程期限并于2007年开始新一轮的退耕补助（谢旭轩等，2010）。工程预期通过生态退耕、禁牧舍饲和生态补贴引导或倒逼退耕户转变生计方式（Li et al., 2016），改变传统生产模式（Komarek et al., 2014）和促进非农就业（Treacy et al., 2018）。因此，退耕还林兼具了改善生态和提高生计的双重目标（见图4-1），两个目标紧密相连、相辅相成：政府为获得生态效益给予农牧户补助，使农牧户收入水平提高并有可能通过产业结构调整从而得以脱贫的机遇；退耕还林项目的可持续性要保持生态改善成果，就必须以农牧户获得可持续生计不返耕为前提（贾卫国，2005；谢旭轩等，2010；Groom et al., 2010）。

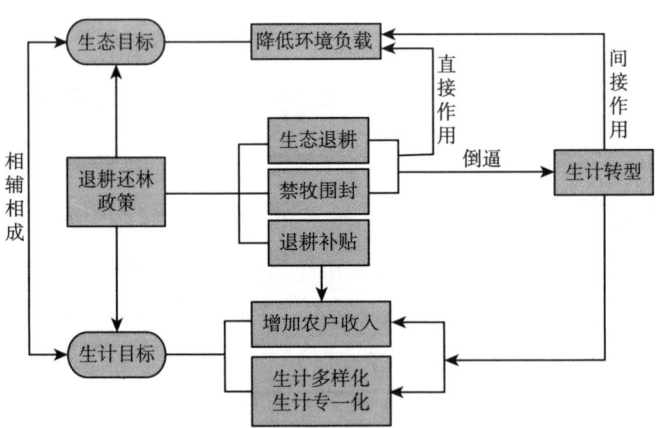

图4-1 退耕还林政策生计影响机制

迄今为止，退耕还林工程已经实施20多年，取得了举世瞩目的生态效果（Jia et al.，2014；Zhao et al.，2017；Yang et al.，2017；Xue et al.，2018；Ye et al.，2019）。但是否取得了预期的生计效果仍然饱受争议，一些学者认为退耕还林工程显著地提高了农民收入（Duan et al.，2015；Treacy et al.，2018），增加了农户生计多样性（Liu and Lan，2015；Li et al.，2016），提升了农户生计安全（Li et al.，2018）。但来自宁夏、贵州、陕西和四川的案例研究却表明农户参与退耕还林对增加家庭收入没有显著影响（谢旭轩等，2010；Huang et al.，2018）。Li等（2010）和Liang等（2012）指出退耕还林工程既不助于贫困农户也不利于农村劳动力的非农就业。这些争论大多基于大区域尺度或者农户尺度，少有跨尺度深入研究退耕还林的生计效应，因此可能较为片面或偏颇。目前缺乏区域尺度上退耕还林对生计结果（如家庭收入、生计多样性等）和农户尺度上对具体生计活动（如生产模式、物质流、能量流等）影响的综合分析。退耕还林的生计效益仍然不清晰，退耕还林是否有利于农村减贫仍有待于深入探讨。

因此，本章将从区域尺度和农户尺度综合探讨退耕还林对农户生计转变的影响。在区域尺度上，基于三年的混合截面数据构建DID模型（difference–in–difference model）探讨退耕还林对农户家庭纯收入和生计多样性变化的影响；在农户尺度上，将农户视为独立完整的生态经济系统，并运用能值分析方法评估农户系统环境负载率、能值产出率和系统可持续性的变化。本章旨在回答三个问题：（1）退耕还林是否提高了农户生计产出？（2）退耕还林如何影响农户生态经济系统？（3）对我国新一轮的生态建设和生态扶贫有哪些启示？

4.2 数据与方法

4.2.1 研究方法

鉴于前人研究缺乏对退耕还林生计效应的跨尺度分析，本章从区域尺度和农户尺度系统评估退耕还林对农户生计转变的影响（见图4-2）。在区域尺度上，基于退耕前期（2002年）、中期（2007年）、后期（2014年）三期混合截面数据构建DID模型探索退耕还林对退耕户和非退耕户家庭纯收入和生计多样性的影响；在农户尺度上，将农户视为独立完整的生态经济系统，并选取50户从事农牧业生产的典型农户，运用能值分析方法评估农户系统在退耕前期（2002年）、中期（2007年）、后期（2014年）的环境负载率、能值产出率和系统可持续性的变化。

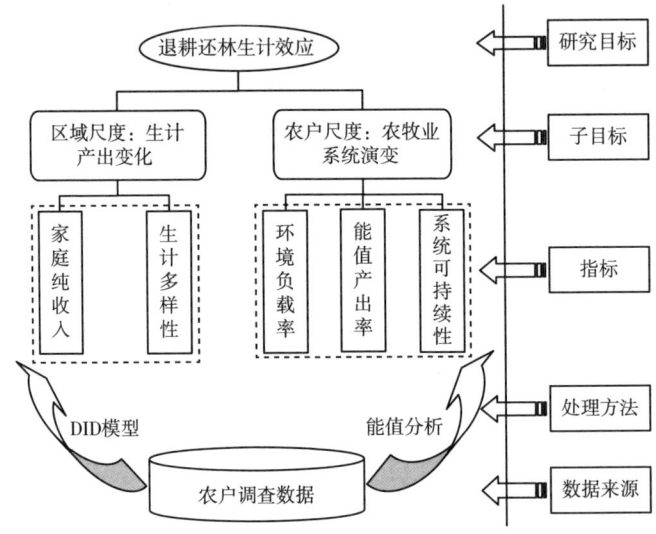

图4-2 退耕还林农户生计效应分析框架

4.2.1.1 倍差法

倍差法尤其适用处理分析某些外生事件（通常由政府的政策出台）改变了个人、家庭、企业或城市运行环境时的自然实验（Wooldridge，2009），综合了前后比较法和有无比较法，是进行政策分析和项目评价的常用分析方法。因此，本章应用倍差法定量评估退耕还林政策对农户生计结果（家庭纯收入和生计多样性）的影响。

我们将受政策变化影响的群体称为处理组，将不受政策影响的群体称为控制组。设置处理组t为参加退耕的农户，控制组c为未参加退耕的农户。$D_i=1$属于处理组t，表示第i个农户参加了退耕；$D_i=0$属于控制组

c_i 表示第 i 个农户未参加退耕。T 表示时期虚拟变量，T=1 表示退耕政策效果阶段性分析的比较年，T=0 表示退耕政策效果阶段性分析的基础年。在分析退耕阶段的政策效果时，2002 年为基础年，T 取值为 0，2007 年为比较年，取值为 1。在分析巩固阶段的政策效果时，2007 年为基础年，T 取值为 0，2014 年为比较年，T 取值为 1。干扰项 ε 表示没有控制到的会影响被解释变量的因素。这样我们就可以得到处理组和控制组之间受政策的影响变化：

$$\text{Impact} = (Y_{t1} - Y_{t0}) - (Y_{c1} - Y_{c0}) \tag{4-1}$$

其中，$Y_{t1} - Y_{t0}$ 为处理组结果变量的阶段性变化，$Y_{c1} - Y_{c0}$ 为控制组结果变量的阶段性变化，两组变化值之差 $[(Y_{t1} - Y_{t0}) - (Y_{c1} - Y_{c0})]$ 就是退耕政策的净效应。

(1) 基准模型。

$$Y_i = \alpha D_i + \beta T + \gamma D_i T + U + \varepsilon \tag{4-2}$$

其中，α、β、γ 为待估系数，U 为常数项，ε 为随机扰动项，交叉项 $D_i \times T$ 表示农户参与退耕事实与时期交互作用的虚拟变量。令 $\lambda = U + \varepsilon$，对于控制组，$D_i = 0$，则模型可表示为：

$$Y_i = \begin{cases} \lambda, & T = 0 \\ \lambda + \beta, & T = 1 \end{cases} \tag{4-3}$$

对于处理组，$D_i = 1$，则模型可表示为：

$$Y_i = \begin{cases} \lambda + \alpha, & T = 0 \\ \lambda + \alpha + \beta + \gamma, & T = 1 \end{cases} \tag{4-4}$$

所以政策实施前后对控制组农户的第一次差分为：

$$\text{dif}_{c1} = (\lambda + \beta) - \lambda = \beta \tag{4-5}$$

对处理组农户的第一次差分为：

$$\text{dif}_{t1} = (\lambda + \alpha + \beta + \gamma) - (\lambda + \alpha) = \beta + \gamma \tag{4-6}$$

通过二次差分，则可表达政策实施对农户生计结果的净影响：

$$\text{Impact} = \text{dif}_2 = \text{dif}_{t1} - \text{dif}_{c1} = (\beta + \gamma) - \beta = \gamma \tag{4-7}$$

γ 即为我们所要考察的政策效果，称为 DID 估计量。在不控制其他变量的情况下，通过 2×2 方格法表示 DID 结果，则如表 4-1 所示。

表4-1　　　　　　　　　双差分原理

	基准年（T=0）	比较年（T=1）	政策实施阶段性差值 ΔY
控制组（$D_i=0$）	λ	λ+β	β
处理组（$D_i=1$）	λ+α	λ+α+β+γ	β+γ
同一时期组间差值	α	α+γ	γ

从横向来看，β为非退耕户在政策实施后的阶段性差异，β+γ为退耕户在政策实施后的阶段性差异，γ则为退耕还林政策实施对农户生计（生计多样性或家庭收入）所产生的净影响。从纵向来看，α为政策效果阶段分析基准年退耕户与非退耕户间的组间差异，α+γ为政策效果阶段分析比较年退耕户与非退耕户间的组间差异，两个值相减得到的γ同样表示退耕还林政策对农户生计结果变量的净影响。

（2）全模型。

为了使模型拟合更加合理有效，我们需要引入其他解释变量X。则式（4-2）可以演变为：

$$Y_{it} = \alpha D_{it} + \beta T_t + \gamma D_{it}T_t + \delta X_{it} + U_{it} + \varepsilon_{it} \quad (4-8)$$

其中，下标i和t分别代表农户i和时间段t；Y代表生计结果，即：农户生计多样性指数或家庭纯收入；T是时间哑变量，基准年取值为0，比较年取值为1；D是组别哑变量，退耕户（处理组）取值为1，非退耕户（控制组）取值为0；D×T是交互项；α是组间差异系数，代表了与退耕无关的组间差异；β代表时间效应，即：生计结果（生计多样性/家庭纯收入）从基准年到比较年的时间变化；γ是倍差系数，代表我们所要分析的处理效应；X代表一系列可能与生计结果相关的农户特征变量；δ代表变量X的系数；U_{it}是常数项；ε_{it}随机干扰项。

4.2.1.2　能值分析方法

农户，作为一个微观农牧业生产单位，是一个独立完整的生态经济系统，而能值分析是对该系统最为深入有效的分析方法（Odum et al.，2000；Dong et al.，2014；Zhang et al.，2007；Agostinho et al.，2010）。本书采用能值理论分析准格尔旗农户生计效果——环境负载率的变化情况。图4-3和图4-4分别为退耕禁牧前后农户农牧系统能流图。根据Odum（1996）能值理论，农户农牧系统的外在输入能量物质分为四种：可更新资源（RR），

第4章 退耕还林政策生计影响机制：对生态扶贫的启示

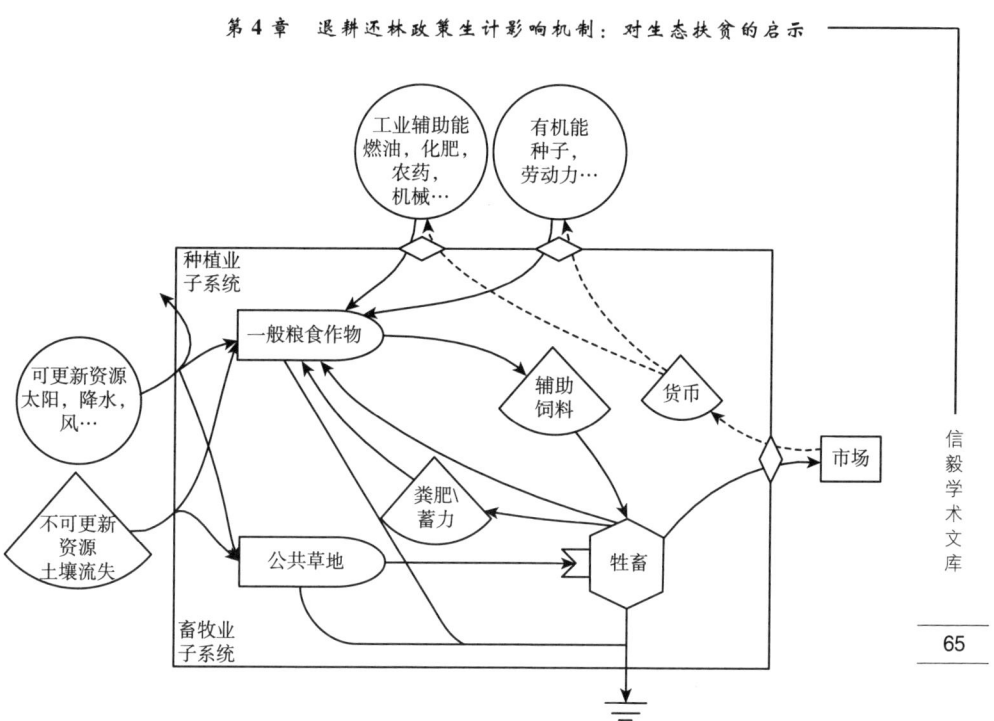

图4-3 退耕禁牧前农户农牧系统能流

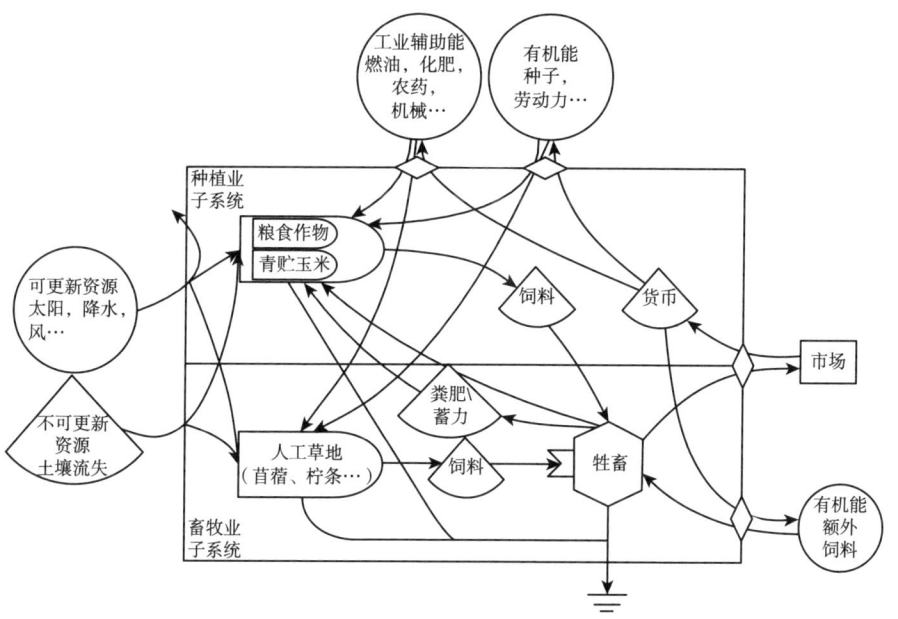

图4-4 退耕禁牧后农户农牧系统能流

如太阳能、雨水势能、雨水化学能、风能等；不可更新资源（NR），如表层土损失；工业辅助能（NP），包括燃油、化肥、农药、机械等；有机能（RP），包括种子、人工等。

退耕禁牧之前，在种植业子系统内农户以种子、化肥、农药、机械、柴油等经济投入，种植玉米、糜子、土豆等粮食作物以满足自己消费，秸秆等残余物作为畜牧养殖辅助性饲料；在畜牧业系统内，农户主要以放牧方式养殖大量牛羊以换求肉类生产和现金收入，同时也为种植业系统提供粪肥和畜力。与种植业相比，畜牧业生产更依赖于自然资产——天然草地。退耕禁牧之后，在种植业子系统内，农户被强制要求将部分坡耕地、劣耕地退出种植经营，同时要求农户种植一定面积的青贮玉米作为畜牧养殖的主要饲料；同时在畜牧业子系统内，农户被要求以圈养舍饲代替放牧，对天然草地实施全面禁牧围封，鼓励农户人工种植紫花苜蓿、柠条、羊木槿、沙打旺等饲草。禁牧舍饲之后，农户经常因为饲草不足而额外购买饲料，畜牧业成本大大增加。由于种植业子系统与畜牧业子系统之间的能流闭合回路，在分析整个农户农牧系统能值投入产出时，饲料生产、粪肥、畜力等中间项不作详细计算。主要指标有：

（1）能值产出率（emergy yield ratio，EYR）。

$$EYR = \frac{U}{NP + RP} \quad (4-9)$$

其中，EYR 指能值产出率，即总能值产出与购买能值投入之比；U 指总能值产出，根据 Odum（1996）能值守恒定律，总能值产出等于总能值投入。能值产出率越高，每单位能值投资的回报越大。

（2）环境负载率（environmental load ratio，ELR）。

$$ELR = \frac{NR + NP}{RR + RP} \quad (4-10)$$

其中，ELR 指环境负载率，即不可更新能值投入与可更新能值投入之比。环境负载率是表征农户农牧系统对环境压力的指标，可用来衡量农户生态经济系统的紧张度（Ulgiati and Brown，1998）。指标值越低，对环境的压力越小，资源利用可持续性越强。

（3）农牧业系统可持续性（agro-pastoral system sustainability index，ASSI）。

$$ASSI = \frac{EYR}{ELR} \quad (4-11)$$

其中，ASSI 指农户农牧业系统可持续性指数，即能值产出率与环境负载率之比，表征系统产出与环境压力的协调性和适度性。指标值越大，系统运行越可持续。

4.2.2 数据说明

（1）区域尺度上政策效应评估：截取 2002 年、2007 年、2014 年即退耕还林实施前、中、后三年数据，两两对比分析退耕阶段、巩固阶段退耕还林政策对农户生计结果（家庭纯收入和生计多样性）的影响。2002 年、2007 年、2014 年分别取得有效样本 167 份、107 份、147 份，退耕阶段组成混合截面数据样本 274 份，巩固阶段组成混合截面数据样本 254 份。由于退耕还林是按村划片、整村退耕，准格尔旗大部分村落都实施了生态退耕，少部分地势平坦、环境较好的村落没有实施，因此退耕户要多于非退耕户。从表 4-2 和表 4-3 可以看出，退耕户与非退耕户的家庭纯收入都大幅增加，生计多样性则都有所下降，畜牧业收入比重明显下降，技术类就业收入比重明显升高。表 4-4 列出了实证研究中一些变量的描述性统计结果，从中可以看到，退耕户与非退耕户在大部分变量平均值上没有显著性的差异，说明退耕户与非退耕户在理论上是可比较的，例如，退耕户与非退耕户在居住地海拔、年龄、文化、家庭劳动力、耕种面积、人工草地、生产投入等方面具有相同特征。而少数变量的差异，如林地、退耕面积，则是因为参与退耕的结果。三期独立混合截面数据（independently pooled cross section data）尽管不是严格意义上的面板数据，但也足以用作对比分析、评估政策效应（Jeffrey，2010）。

（2）农户尺度上政策效应评估：由于退耕还林政策本身就是一项生态建设政策，退耕禁牧的直接目标就是降低地区环境负载率、提高资源的可持续利用，可以认定环境负载率的降低是由退耕还林政策直接引起的（喻峰等，2006，2014；周平和蒙吉军，2009；道日娜等，2013），且禁牧政策是全旗统一实施，退耕户和非退耕户生产方式的转变都受禁牧政策的直接影响。因此，在农户系统尺度上不做倍差分析，选取 50 户以农牧业为主要生计的农户为代表，取其均值分析农牧业系统投入产出在 2002 年、2007 年、2014 年的变化。具体能值参数和计算过程见附录。

表4-2 退耕户与非退耕户生计结果的描述性统计

年份	退耕户					非退耕户				
	个案	家庭纯收入（元）		生计多样性		个案	家庭纯收入（元）		生计多样性	
		均值	标准差	均值	标准差		均值	标准差	均值	标准差
2002	87	8450.5	5476.76	2.13	0.57	80	6766.72	4292.41	1.74	0.52
2007	85	11531.17	11127.28	1.55	0.43	22	14767.16	13453.12	1.4	0.47
2014	102	29579.07	19256.61	1.63	0.57	45	26435.99	17798.72	1.49	0.56

表4-3 退耕户与非退耕户家庭收入结构

单位：%

年份	种植业收入		畜牧业收入		技术类就业收入		非技术类就业收入		补贴性收入	
	退耕户	非退耕户	退耕户	非退耕户	退耕户	非退耕户	退耕户	非退耕户	退耕户	非退耕户
2002	6.63	12.35	34.37	52.70	0.00	0.05	25.56	34.91	33.44	0.00
2007	2.69	21.38	26.25	28.98	11.15	12.53	26.18	36.50	33.74	0.60
2014	9.14	11.01	17.92	8.47	22.25	35.76	17.49	25.48	33.22	19.28

表 4-4　　　　　　　解释变量的描述性统计

变量	变量解释	退耕户 均值	退耕户 标准差	非退耕户 均值	非退耕户 标准差
海拔	农户居住地海拔（m）	1108.46	65.81	1100.5	54.85
年龄	户主年龄	54.89	11.15	49.88	11.66
文化	户主文化水平（文盲=0，小学=1，初中=2，高中、中专=3，大专及以上=4）	4.78	3.43	5.17	3.49
家庭劳动力	家庭拥有的劳动力数量	2.69	1.29	2.84	1.27
耕种面积	农户实际种植面积（亩）	12.32	8.62	12.36	9.83
林地	农户承包的林地（亩）	20.53	65.48	7.64	26.6**
人工草地	农户拥有的人工饲草地（亩）	12.75	58.92	7.27	23.19
生产投入	农户从事农、牧业生产的投入规模（元）	1884.25	4261.54	1321.58	2384.17
退耕面积	农户累积退耕面积（亩）	10.13	6.65	0	0***
农户数		274		147	

注：*、**、***分别表示退耕户与非退耕户在0.1水平、0.05水平、0.01水平下差异显著。

4.3　研究结果

4.3.1　生计产出区域效应

4.3.1.1　对农户家庭纯收入的影响

如表4-5所示，退耕阶段、巩固阶段交互项 DiTi 系数分别为 -4353.00 和 2830.38，前者显著后者不显著，说明退耕还林政策对农户家庭纯收入的影响为负，且在退耕阶段影响更大。变量 Ti 系数 4312.80、12663.60 分别在 0.05 和 0.01 水平下显著，表明农户家庭纯收入的增长主要是因为工业化、城镇化与经济发展带动的时期效益。退耕面积变量系数为正且通过显著性检验，因为退耕面积直接与退耕补贴挂钩，在一定程度上影响农户家庭纯收入，但从全局看，退耕补贴只是过渡性补贴，对农户增收并不能产生实质性正向作用，或者说退耕补贴不足以弥补农户的退耕损失。

表 4-5 退耕政策对农户家庭纯收入平均处理效应估计结果

变量	退耕阶段（2002~2007年）		巩固阶段（2007~2014年）	
	系数	标准误	系数	标准误
海拔	0.498	7.731	-7.180	11.658
年龄	-8.218	49.018	-166.296**	81.873
文化	281.130	145.537	426.309	271.664
家庭劳动力	1147.589***	427.091	3410.917***	790.621
耕种面积	36.972	56.440	-134.801	88.073
林地	3.758	6.913	-0.088	11.339
人工草地	155.743***	46.996	43.280***	11.261
生产投入	0.481	0.177	0.098	0.234
退耕面积	291.932***	83.570	322.957**	128.670
组间差异（Di）	-481.409	1463.887	-2736.909	3176.649
时期效应（Ti）	4312.797**	1979.231	12663.599***	3489.419
政策效应（DiTi）	-4353.001**	2262.862	2830.382	3572.372
常数项	-339.993	9615.263	15259.28	15168.03
R^2	0.206		0.315	
F 统计量[a]	6.786	{0.000}	10.221	{0.000}
N	274		254	

注：*、**、*** 分别表示在 0.1 水平、0.05 水平、0.01 水平下显著；

aF 统计量是对交互项显著性的 F 检验值，括号内为 P 值。

此外，影响农户家庭收入的主要因素还有家庭劳动力和人工草地等。家庭劳动力是农户最主要、最核心的人力资产，是农户利用其他生产资料、参与非农就业增加收入的主导性、决定性因素。人工草地以播种打草方式种植苜蓿、柠条等饲草料，是牲畜养殖的先决条件，是核定农户牲畜数目的基础，这也是退耕还林政策禁牧舍饲、以草定畜的基本要求，因此，人工饲草料用地直接影响农户的畜牧收入。在自给自足的小农经济生产模式下，耕地种植面积对农户家庭收入的影响并不那么显著。林地分为生态林和经济林两类，尽管退耕还林为农户配套建设了大面积的经济林，但是由于林果产品滞销、市场价格过低等原因，每年大量果实被农户弃摘，林业收入几乎为零。

在退耕还林实施的不同阶段，影响农户家庭收入的因素有个别变化。生产投入规模对农户家庭收入的影响在退耕阶段表现得更为显著，而年龄因素在巩固阶段表现得更为显著。这是因为退耕阶段大多农户仍以农牧生产为主，农牧生产投入规模直观映射农牧收入，而巩固阶段农户的非农就业比重更高，年龄因素制约非农就业，从而影响农户家庭收入。

4.3.1.2 对生计多样性的影响

如表 4-6 所示，交互项 D_iT_i 系数在退耕阶段、巩固阶段分别为 -0.316 和 -0.106，且前者显著后者不显著，说明退耕还林政策对农户生计多样性产生了显著的负作用，明显降低了农户生计多样性水平，且这一作用过程更显著地集中发生于退耕阶段。这是因为退耕、禁牧压缩了农户收入来源，迫使农户谋求替代性生计。在退耕阶段，农户由于职业技能较低、缺乏就业途径及心理适从等问题，谋求替代性生计并不理想；而后经过政府主导的定期职业培训与生态移民，在快速城市化、工业化对劳动力的硬性需求和市场经济发展的良好环境下，退耕农户从事第二、第三产业就业倾向更为明显。这在数据模型中表现为时期效应（T_i）在退耕阶段的负影响（-0.348，在 0.01 水平下显著）和后续巩固阶段的正影响（0.317，在 0.05 水平下显著）。

表 4-6　退耕政策对农户生计多样性平均处理效应估计结果

变量	退耕阶段（2002~2007 年）		巩固阶段（2007~2014 年）	
	系数	标准误	系数	标准误
海拔	2.45E-04	0.000	4.79E-04	0.000
年龄	-0.005*	0.003	-0.001*	0.003
文化	0.002	0.009	-0.001	0.011
家庭劳动力	0.024	0.026	-0.023	0.033

续表

变量	退耕阶段（2002~2007年）		巩固阶段（2007~2014年）	
	系数	标准误	系数	标准误
耕种面积	0.005	0.003	0.014***	0.004
林地	3.67E-04	0.000	1.71E-04	0.000
人工草地	0.002	0.003	-0.001	0.000
生产投入	4.28E-06	0.000	4.47E-06	0.000
退耕面积	0.005	0.005	0.001	0.005
组间差异（Di）	0.508***	0.090	0.198	0.132
时期效应（Ti）	-0.348***	0.121	0.317**	0.145
政策效应（DiTi）	-0.316**	0.138	-0.106	0.149
常数项	1.42**	0.588	0.671	0.632
R^2	0.304		0.111	
F-statistic	11.368	{0.000}	2.774	{0.001}
N	274		254	

注：*、**、***分别表示在0.1水平、0.05水平、0.01水平下显著；
aF统计量是对交互项显著性的F检验值，括号内为P值。

另外，从表4-6中还可以看出，耕地种植面积和年龄是影响农户生计多样性的重要因素。尽管近年来农户非农就业呈明显上升趋势且比例较大，但耕地种植仍然是农户收入的主要来源之一。由于耕地不可替代的社会保障功能，耕地是农民应对经济波动、通货膨胀、失业、老龄化等生计风险时"进可取，退可守"的重要生计保障及身份象征。由于在巩固阶段，农户生计的非农化比重较高，大量农户弃耕，因此耕种面积对生计多样性的正作用更加明显。年龄则是制约农户谋求多样化生计的主要障碍，在非农业部门，进城农户大多从事的是建筑施工、低端制造等简单体力劳动，对文化水平要求不高，因此，年龄因素是农户决定外出谋求其他生计的主要考量因子。

4.3.2 农户农牧业系统微观效应

农户生计环境负载率反映的是资源利用的可持续性，即环境负载率越低，对资源利用的可持续性越强。表4-7和表4-8列出了准格尔旗退耕禁牧前期（2002年）、中期（2007年）、后期（2014年）三年农户农牧系统能值分析结果及相关指标（详细计算过程见附录1、附录2和附录3）。退耕阶段2002~2007年准格尔旗农户的总能值投入分别为 $1.79E+17 sej\ yr^{-1}$ 和 $1.98E+16 sej\ yr^{-1}$，而单位能值密度为 $6.06E+11 sej\ yr^{-1}m^{-2}$，$1.27E+12 sej\ yr^{-1}m^{-2}$，即：退耕后农户总能值投入仅为退耕前的1/10，而能值密度却是退耕前的2倍，说明退耕还林政策有效地推动了农户由广种薄收的生产方式向集约节约生产方式转变。2002年农户生计严重依赖当地环境资源，有 $1.70E+17 sej\ yr^{-1}$ 的免费环境能值投入，占总投入的94.96%，其中，由于过度放牧导致的土壤流失能值高达 $1.58E+17 sej\ yr^{-1}$，分别占总能值投入的88.13%和免费环境能值的92.80%。而退耕禁牧后2007年农户生计对环境资源的依赖降低到9.53%，土壤流失能值投入减小，为 $1.14E+15 sej\ yr^{-1}$，分别占总能值投入的5.78%和免费环境能值的60.66%。相应地，工业辅助能和有机能投入在耕地经营面积减少的情况下反而显著提高，分别为 $9.66E+15 sej\ yr^{-1}$ 和 $8.22E+15 sej\ yr^{-1}$，是退耕前的2倍，占总能值投入的48.89%和41.58%。因此，退耕前后环境负载率从2002年的9.95降低到2007年的1.21，这充分说明退耕禁牧政策有效地优化了农户农牧业生产的能值结构，改变了退耕禁牧前环境高压力状态，提高了准格尔旗农户农牧系统的生态可持续性。

退耕还林巩固阶段，农户2014年使用免费环境能值为 $2.36E+15 sej\ yr^{-1}$，占总能值投入的14.21%，其中土壤损失能值 $1.68E+15 sej\ yr^{-1}$，相对2007年有小幅增加。而工业辅助能虽然总量略有减少，但能值密度从2007年的 $6.23E+11 sej\ yr^{-1}m^{-2}$ 增加到2014年的 $6.89E+11 sej\ yr^{-1}m^{-2}$，占总投入比重从48.89%增加到56.84%；有机能特别是人力有机能降幅较大，有机能投入占比从41.58%减少到28.95%。环境负载率指标由2007年的1.21增加到2014年的2.03，说明巩固阶段环境压力有所增加，这主要是因为随着农户生计向非农转变及人口老龄化，农村劳动力投入减少，对化肥、农药、机械柴油等工业辅助能依赖性增加，对土地经营维护力度减小。

表4-7 农户农牧系统能值分析

项 目	2002年 能值 (sej yr^{-1})	2002年 能值密度 (sej yr^{-1} m^{-2})	2007年 能值 (sej yr^{-1})	2007年 能值密度 (sej yr^{-1} m^{-2})	2014年 能值 (sej yr^{-1})	2014年 能值密度 (sej yr^{-1} m^{-2})
可更新环境资源（RR）						
1. 太阳辐射	1.36E+15	4.61E+09	6.74E+13	4.35E+09	6.02E+13	4.40E+09
2. 风能	3.21E+14	1.09E+09	1.68E+13	1.09E+09	1.49E+13	1.09E+09
3. 雨水化学能	6.61E+15	2.24E+10	4.39E+14	2.83E+10	3.95E+14	2.89E+10
4. 雨水势能	5.61E+15	1.90E+10	3.02E+14	1.95E+10	2.80E+14	2.04E+10
可更新环境资源总和（TotalRR）	1.22E+16	4.14E+10	7.41E+14	4.78E+10	6.75E+14	4.93E+10
不可更新环境资源（NR）						
5. 土壤损失	1.58E+17	5.34E+11	1.14E+15	7.37E+10	1.68E+15	1.23E+11
不可更新环境资源总和（Total NR）	1.58E+17	5.34E+11	1.14E+15	7.37E+10	1.68E+15	1.23E+11
工业辅助能（NP）						
6. 燃油	9.01E+13	3.05E+08	1.20E+14	7.73E+09	1.14E+14	8.36E+09
7. 氮肥，N	4.19E+15	1.42E+10	8.58E+15	5.54E+11	8.46E+15	6.17E+11
8. 磷肥，P	7.41E+13	2.51E+08	1.40E+14	9.06E+09	5.85E+13	4.27E+09
9. 钾肥，K	5.67E+12	1.92E+07	6.75E+12	4.36E+08	5.55E+12	4.05E+08
10. 复合肥	2.16E+14	7.33E+08	3.81E+14	2.46E+10	3.30E+14	2.41E+10
11. 农药	8.14E+12	2.76E+07	1.79E+13	1.16E+09	3.18E+13	2.32E+09
12. 机械设备	3.06E+14	1.04E+09	4.15E+14	2.68E+10	4.40E+14	3.21E+10
工业辅助能总和（Total NP）	4.89E+15	1.66E+10	9.66E+15	6.23E+11	9.44E+15	6.89E+11

续表

项 目	2002年 能值 (sej yr^{-1})	2002年 能值密度 (sej yr^{-1} m^{-2})	2007年 能值 (sej yr^{-1})	2007年 能值密度 (sej yr^{-1} m^{-2})	2014年 能值 (sej yr^{-1})	2014年 能值密度 (sej yr^{-1} m^{-2})
有机能（RP）						
13. 种子	4.24E+12	1.44E+07	1.74E+13	1.13E+09	3.27E+13	2.39E+09
14. 饲料	—	—	3.83E+15	2.47E+11	2.38E+15	1.74E+11
15. 劳动力	4.10E+15	1.39E+10	4.37E+15	2.82E+11	2.40E+15	1.75E+11
有机能总和（Total RP）	4.11E+15	1.39E+10	8.22E+15	5.30E+11	4.81E+15	3.51E+11
总能值投入（Total Input）	1.79E+17	6.06E+11	1.98E+16	1.27E+12	1.66E+16	1.21E+12

表 4-8　　农户农牧系统能值分析相关指标

项　　目	计算公式	2002 年	2007 年	2014 年
总能值投入，U/(sej yr^{-1})	RR+NR+RP+NP	1.79E+17	1.98E+16	1.66E+16
能值密度（sej yr^{-1}m^{-2}）	U/area	6.06E+11	1.27E+12	1.21E+12
免费环境能值比重（%）	(NR+RR)/U	94.96	9.53	14.21
土壤损失能值比重（%）	NR/U	88.13	5.78	10.14
工业辅助能比重（%）	NP/U	2.74	48.89	56.84
有机能值比重（%）	RP/U	2.30	41.58	28.95
能值产出率（EYR）	U/(NP+RP)	19.86	1.11	1.17
环境负载率（ELR）	(NP+NR)/(RR+RP)	9.95	1.21	2.03
农牧业系统可持续性（ASSI）	EYR/ELR	2.00	0.92	0.57

另外，可以看到，能值产出率指标从 2002 年的 19.86 降至 2007 年的 1.11，以及 2014 年的 1.17，说明退耕禁牧是把"双刃剑"，虽然有效地降低了环境负载率，但大大增加了农户的生产成本，抑制了农牧交错区畜牧业"过脯增值"的生产优势。

4.4　本章小结与讨论

4.4.1　政策启示与讨论

尽管准格尔旗不是典型的贫困县，但准格尔旗农户仍然是弱势群体，面临着较大的生计风险和脆弱性，农民人均纯收入远低于城镇居民支配收入，且这一差距仍在拉大（见图 4-5）。准格尔旗社会经济发展与整个中国的社会经济发展高度共振，可视为典型缩影（见图 4-5 和图 4-6）。因此，研究准格尔旗的退耕还林政策实施案例对中国新一轮的生态建设和生态扶贫具有典型的借鉴意义和参考价值。

第4章 退耕还林政策生计影响机制：对生态扶贫的启示

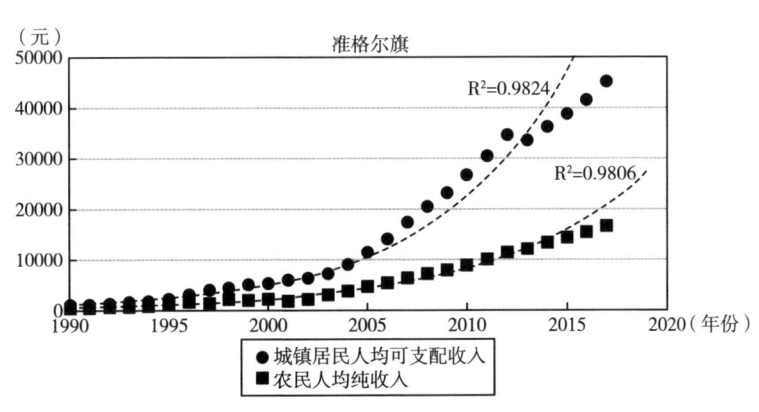

图4-5 准格尔旗城乡收入差异

注：数据来源：《准格尔旗统计年鉴》。

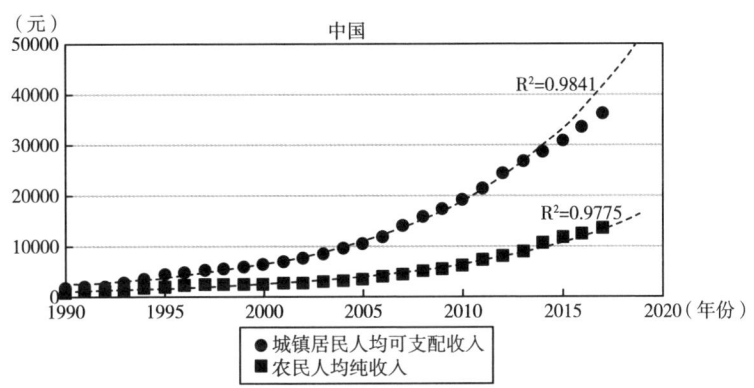

图4-6 中国城乡收入差异

注：数据来源：中国财政部。

通过研究准格尔旗退耕还林实施案例发现，退耕还林工程实际上对农户生计转变具有负面影响。这一结论与宁夏、贵州（谢旭轩等，2010）、河南周至（李树苗等，2010；Liang et al.，2012）、四川岷江（Huang et al.，2018）等地区的研究一致，但与其他部分地区的研究结论相左（Duan et al.，2015；Liu and Lan，2015；Li et al.，2016；Treacy et al.，2018）。这些异同可能主要归咎于地理环境的空间异质性和人地关系的复杂性，但本书基于区域和个体农户综合的跨尺度研究更显说服力，研究结果也更为可靠。农户尺度的研究是区域尺度研究的延伸，能更深入地解释和佐证区域尺度研究的结果。在区域尺度上，退耕还林降低了农户的家庭纯收入和生计多样性；在农户尺度上，退耕还林降低了农户农牧业系统的能值产出率和系统可持续性。禁牧政策显著地减少了农户系统能值产出，却没有相应的禁牧补贴，而退耕补贴远不足以弥补农户的禁牧损失。在农牧交错区，传统畜牧业以放牧为主且一直以来占农户收入的很大比重，一旦禁牧，农户一时难以找到替代性收入。而退耕还林建设的经济林由于管理不善、产品品质低、市场波动等原因几乎没有给退耕户带来任何有效收入。因此，退耕还林工程实际降低了农户家庭纯收入和生计多样性，尤其是在退耕阶段更为明显。而近年来农户收入的提升和劳动力的非农转移主要是因为快速城镇化和工业化的带动，确切地说是得益于准格尔旗发达的煤化工业而不是退耕还林（Wu et al.，2017）。

退耕还林没有取得预期的生计效应根本原因在于相关政策始终把生态目标放在第一位。"一刀切"的禁牧政策完全阻碍了农户对自然资源（草地）的开发利用，抑制了传统畜牧业的生产优势（Wang et al.，2013）。对农户而言，法理上不合理，经济上不可行，因此偷牧现象屡禁不绝。另外，退耕还林后续产业多因管理不善缺乏引导而失败，技术培训不及时且缺乏针对性，干旱缺水条件下的基本农田建设效果不明显，产煤丰富前提下农村能源建设流于形式等一系列问题并存。因此，准格尔旗案例说明，未来生态扶贫必须以有效激活农户自然资源利用为前提，既要做到生态友好也要做到经济有效，因地制宜同时兼顾生态效益和经济效益。不论是简单地禁止保护还是单一的政策补贴都不足取。此双目标可以通过以下途径达到：（1）改革农村产权制度，强化农民资产权利。在中国农村，现行集体所有制度实际模糊化了农民产权，凡是参与类似退耕还林等涉及土地产权的政策工程，都易引起农户的普遍焦虑和抵触（Wang et al.，2015）。通过农户增权（Zimmerman，1990），界定清晰的自然资源产权，是顺利推进退耕还林等生态建设工程的前提和基础。（2）建立地理品牌标志，提升土地资源价值。因地制宜挖掘地域特色资源，建立国家地理标志，提供品牌化的优质生态产品，如北京周边自然保护区的生态旅游（Tang et al.，2018）、贵州省的农家乐（Deng，2018）等。准格尔旗经济林产业失败案例与北京、贵州成功案例证明，只有探索个性化的特色产业、建立产品地理标志、打造知名品牌才能有效提升农村土地价值、振兴农村经济发展

（陈叙图等，2017；Zhou et al.，2019）。（3）重视职业教育与技能培训，促进年轻农户代际转变。本章研究证明，老龄化制约农户家庭纯收入和生计多样化的提高，因为老年人口在学习新技能、选择替代性生计方面往往面临诸多困难、难以适从。而年轻农户由于心理调适能力强、接受新生事物速度快，只要加强引导职业教育和技能培训（Deininger，2003；Galiani and Ernesto，2010；Li et al.，2019），生计转换一般比较容易在年轻农户身上发生（Liu，2014）。（4）建立生态产业的多方治理、利益共享制度。一套运行良好的综合管理制度是生态建设管护和后续产业经营的重要保障，也为农村减贫提供有效方法思路（Noordwijk，2019），如"主导产业+扶贫资金+合作组织+帮扶机制"的"四位一体"利益联结新模式，将龙头企业（合作组织）与贫困户捆绑在一起，提高资金投入效果，调动贫困户参与产业扶贫的能动性（肖文海和邵慧琳，2018）。只有建立利益共同体，才能形成生态共同体（苏红巧等，2018）。

4.4.2 本章小结

退耕还林政策通过生态退耕、禁牧围封、退耕补贴等途径改变、限制农户土地利用方式和强度，推动、倒逼农户生计转变，同时促进生态目标和生计目标的相辅相成。对其生态目标，学术界普遍持积极看法，但是否如愿达到其特定的生计目标颇有争议。本章通过实证研究，发现：在区域尺度上，农户家庭收入的快速增长主要是因为工业化、城镇化与经济发展带动的时期效益。退耕还林作为一项生态建设工程，不仅不能直接提高农户收入，甚至在退耕阶段显著地降低了农户收入和生计多样性。尽管政策规定对退耕农户根据实际退耕面积作出相应的补贴，并种植一定面积的经济林以保障农户生计水平不降低，但实践证明退耕补贴额度远不足弥补农户的退耕禁牧损失，而且政策预期的经济林也并未达到良好增收效果。在农户尺度上，退耕还林工程使农户农牧业系统从草地放牧的极端依赖转向极端禁牧，虽然有效降低了环境负载率、缓解了环境压力，但也严重影响农户农牧业系统的能值产出率，减少了农、牧业收入流量，抑制了传统畜牧业"过腹增值"的生产优势，削弱了农户农牧业系统的可持续性。

退耕还林没有取得预期的生计效应的根本原因在于相关政策始终把生

态目标放在第一位，阻碍了农户对自然资源的可获得性。本章研究证明，未来生态扶贫必须以有效激活农户自然资源利用为前提，既要做到生态友好也要做到经济有效，因地制宜同时兼顾生态效益和经济效益。不论是简单地禁止保护还是单一的政策补贴都不足取。经济效益与生态福利的权衡需要从四个方面着手，即：改革农村产权制度，强化农民资产权利；建立地理品牌标志，提升土地资源价值；重视职业教育与技能培训，促进年轻农户代际转变；构建生态产业的多方治理、利益共享制度，建立利益共同体，形成生态共同体。

第 5 章　地理环境与农户生计耦合机制：对乡村振兴的启示

5.1　理论分析：生计多样化与地理耦合

乡村衰退已成为全球趋势，往往伴随着人口减少（Liu and Li，2017；Liu，2014），环境退化（Lu and Lora – Wainwright，2014；Dong et al.，2015），耕地抛荒（Long et al.，2011）和贫困集聚（Hilson，2010；Liu et al.，2016）等。鉴于此，党的十九大报告和 2018 年中央"一号文件"提出要振兴乡村发展，并将其上升到国家战略高度。类似地，在此之前我国已出台并实施一系列相关的项目工程，如退耕还林（Rozelle，2005；Zhang et al.，2018）、新农村建设（Liu et al.，2011）、精准扶贫（Liu et al.，2016）等。这些项目工程的共同点在于为了转变农村地区失衡的人地关系，提高农民可持续生计。然而，这些项目工程是否足以修正乡村失调人地关系、是否取得相应的预期效果仍然有较大争议，对下一步的乡村振兴是否有所启示？农户生计视角也许能为乡村振兴找到出发点和落脚点。

生计多样化是农户生计转型和提高可持续性的有效途径，不仅能拓宽农户收入来源（Banchirigah and Hilson，2010；Maconachie，2011）、降低脆弱性（Wang et al.，2013；Baird and Leslie，2013），也能减少农户生计对环境的依赖和压力（Ellis，2000；Sherbinin et al.，2008；Salayo et al.，2012；Hoang et al.，2014）。生计多样性是权衡贫困—环境困局的钥匙，

在一些研究中被学者用来评估政策效应和区域可持续性（Liu and Lan，2015）。然而，农户在选择多样化生计时往往会遭遇多层次的困难障碍，在农户层面主要表现为物质资产、金融资产和人力资产的短缺，如缺少农机设备、资金存款少、没有职业技能、健康问题等（Ellis，2000；Chen et al.，2013；Labao et al.，2018）；在区域层面则主要是受不利的环境因子制约，如自然资源少、气候变化、交通不便、区位闭塞等（Barrett et al.，2001a；Fang et al.，2014；孙贵艳等，2015）。生计资产短缺可以通过政策干预和政府扶持来补充克服（Barrett et al.，2001b；Duguma，2013），但环境约束往往更为复杂，是现行农村贫困的主要原因（Barrett et al.，2001a；李双成等，2005；Liu et al.，2016；Ward and Shackleton，2016）。在我国，区域贫困已经逐渐从制度性贫困和政策性贫困转向环境贫困（李双成等，2005；曹洪民，2007）。农村持续贫困的症结主要在于恶劣的自然条件、闭塞偏远的地理区位和区域发展不均衡（刘彦随等，2016）。为更好地理解这些因素的相互作用，有必要系统地探索农村生计与地理环境两者之间的关系。

自20世纪以来，学者们一直热衷于探讨人地关系，并相继提出了天命论、地理环境决定论、可能性理论、地理环境重建论、适应性理论和共同演进理论（Regen，1984；蔡运龙，1996）。其中，共同演进理论目前被学者广泛认同和接受，但仍停留在理论层面，对其内在作用机制缺乏深入研究（Liu et al.，2007）。至于农村生计与地理环境关系的研究，大多侧重于单方面作用而不是相互关系（Mcintyre et al.，2016；Su et al.，2017；Montgomery et al.，2017），且主要集中在贫困与环境的相关性（曲玮等，2012；黄国勇等，2015）、贫困陷阱（Dao and Edenhofer，2014；Arunachalam and Shenoy，2017）、贫困人口的空间集聚（Amarasinghe et al.，2005；刘小鹏等，2014）等方面。这些研究大多基于单个生计指标（通常是人均纯收入）去评估贫困程度，对刻画复杂的生计—环境关系略显片面和不足。另外，有部分学者则从大区域尺度，如局地尺度（县、市）、流域尺度、国家甚至全球尺度，去探索生计—环境关系（Zheng et al.，2013；Li et al.，2015；Lei et al.，2016）。这类研究虽然站位较高且比较全面，但在推出政策建议时往往比较宽泛、模糊，缺乏可操作性。相反地，村域是我国农村社会经济活动的基本单元，是理解和引导农户生计多样化和生计转型的重要窗口（李裕瑞等，2013；Tu et al.，2018），研究村域地理环境与农户生计的内在关系就显得尤为重要，但村域尺度的研究目前相对较少。

本章通过准格尔旗的案例研究阐释农户如何选择多样化生计以适应黄土高原脆弱的生态环境。基于地理环境分异（综合地理区划），本章选择并调研了4个具有代表性的典型村：黄河南岸冲积平原区现代农牧业村（十二连城乡五家尧村）、库布齐沙漠传统农牧业村（布尔陶亥乡公益盖村）、中部丘陵沟壑砒砂岩区城郊村（沙圪堵镇福路村）、南部黄土丘陵沟壑区煤矿村（薛家湾镇长滩村），旨在探讨：（1）从村域尺度对比分析4个典型村的地理环境空间异质性；（2）从农户生计策略和生计结果两个方面判别不同村域农户生计特征；（3）从村域尺度深入探讨地理环境与农户生计的内在作用机制和耦合关系。本章研究结论能为我国乡村振兴战略甚至全球人地关系管理提供参考借鉴。

5.2 数据与方法

5.2.1 数据说明

根据准格尔旗地理环境分异，本章选择4个典型村作为研究对象，分别对应着地理环境综合区划的4个区域。通过长达数十年的地理考察、农户调研和文献搜集，获取、积累了研究区丰富的地理环境要素信息和农户生计状况数据。4个典型村域（见图5-1）的地理环境要素包括地形地貌、土壤、水文、矿产、土地覆被等，相关数据通过GIS平台从数据库中截取获得，农户生计信息则从农户信息数据库中截取，其中2014年12月通过问卷调查对4个典型村做预调研，获得有效样本23份，并于2015年12月对4个典型村展开了专门补充调研，通过随机入户形式，共获得有效样本145份，累计168份，其中五家尧村31份，公益盖村30份，福路村44份，长滩村63份。

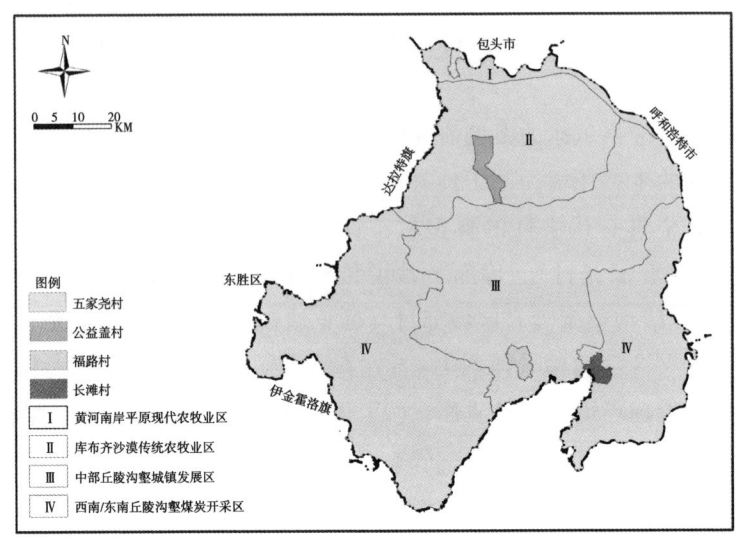

图 5-1 典型村位置示意

5.2.2 研究方法

Kruskal – Wallis H 检验是一种针对不同群组的三组或三组以上得分的非参数检验方法，可用来检验不同村域的生计结果差异性。该方法类似于单因素 ANOVA 分析，但不要求数据的正态分布假设（Kruskal and Wallis，1952）。其主要步骤有：（1）对所有群组的特定指标数值进行排序；（2）计算 Kruskal – Wallis H 检验统计量：

$$H = \frac{12}{n_T(n_T + 1)} \sum_i \frac{T_i^2}{n_i} - 3(n_T + 1) \qquad (5-1)$$

其中，n_T 是所有群组特定指标值的总观察值；T_i 代表第 i 群组的阵列总数；n_i（i = 1，2，…，k）代表第 i 群组内的观测数。

统计值近似于自由度为 k-1 的卡方分布。如果检验统计值小于临界值，则认为可以拒绝生计结果在不同村域类别上相同的原假设。

5.3 典型村域地理环境

5.3.1 十二连城乡五家尧村（现代农牧业村）

十二连城乡五家尧村地处准格尔旗北部黄河南岸平原，西与达拉特旗吉克斯太接壤、北隔黄河与包头市土默特右旗相邻，交通便利、区位优势明显，是内蒙古自治区、鄂尔多斯市、准格尔旗三级新农村建设试点村和现代农牧业示范基地。全村总面积 58.49km²，有 266 户，2014 年总人口 1027 人。村域地势平坦，土壤类型以潮土为主，盐土小面积分布，土壤肥沃，水源充足，拥有耕地资源 33.83km²，集中连片且全部为水浇地，草地 18.83km²，水面面积 4.34km²，农业开发潜力大。2007 年五家尧村被定为现代农牧业示范基地和新农村建设试点，农业水利、交通道路、生活服务等基础设施建设较为完备，居民点社区化，村容整洁，环境优良，十二连城乡五家尧村地理环境条件具有明显优势。

5.3.2 布尔陶亥乡公益盖村（传统农牧业村）

布尔陶亥乡公益盖村地处准格尔旗北部库布齐沙漠区，位于布尔陶亥苏木政府东南部，全村总面积 263.81km²，包括 6 个生产合作社，2014 年现有人口 1141 人，551 户，常住人口 473 人。村域大多是流动、半固定、固定沙地，土壤类型以风沙土为主，内有大面积的山间低地，水肥充足，是理想的林、牧业生产基地，同时也可发展林业保护下的种植业，拥有耕地资源 6.28km²，其中水浇地 4.92km²，旱地 1.36km²，林地 9.4km²，草地 229.81km²，沙地 14.95km²，库坝 12 处，有效水面 1.56km²，标准化棚圈 28 处，面积 1360 平方米，青贮窖 23 个，520 立方米。多年来，风沙侵袭较为频繁，附近有国有乌兰不浪林场、布尔陶亥治沙站，是该地区的生态保护屏障。从地理环境、资源条件、经济生产方式等各方面看，公益盖村是北方农牧交错带具有典型代表性的传统农牧业村。

5.3.3 沙圪堵镇福路村（城郊村）

福路村地处准格尔旗中部丘陵沟壑区，紧邻沙圪堵镇城区（原准格尔旗政府所在地），沿皇甫川自西北向东南狭长分布。全村总面积66.73km^2，2014年常住人口368户1115人。村域东北部丘陵沟壑密布，地势较高，西南部集聚村内多数居民点和耕地，地势较低，内有忽鸡图水库和石子湾水库，然而储水不足，水面面积10.35km^2，土壤类型以栗钙土为主，拥有耕地面积3.76km^2，草地面积48.92km^2，林地面积2.44km^2，沙地面积0.42km^2，是典型的城郊农业村。由于地处城郊，缺少科学规划和管理，村庄建设散乱，村落环境受生活垃圾污染较为严重，另外，常年不合理的土地利用致使水土流失严重。

5.3.4 薛家湾镇长滩村（煤矿村）

长滩村地处准格尔旗东南部黄土丘陵沟壑区，山西、陕西、内蒙古交界处，距离薛家湾镇区40km。村域面积495.64km^2，辖12个农业合作社，2014年常住人口584户953人。村域沟壑密布，土壤类型以黄绵土、栗钙土为主，十里长川自北向南流经村域，拥有耕地面积3.32km^2，林地1.43km^2，草地487.94km^2。长滩村拥有较为丰富的煤炭资源，村内建有汇能煤矿和阳圪楞煤矿2家煤炭企业，年产煤1200万吨。近年来，由于煤炭开采，地表塌陷及粉尘污染较为严重，地表水、地下水均已流失干涸，极度干旱缺水，村域内耕地、林草地大多已不能用于农业生产。长滩村是准格尔旗较为典型的资源输出型煤矿村。

图5-2为典型村域土地覆被情况。

第5章 地理环境与农户生计耦合机制：对乡村振兴的启示

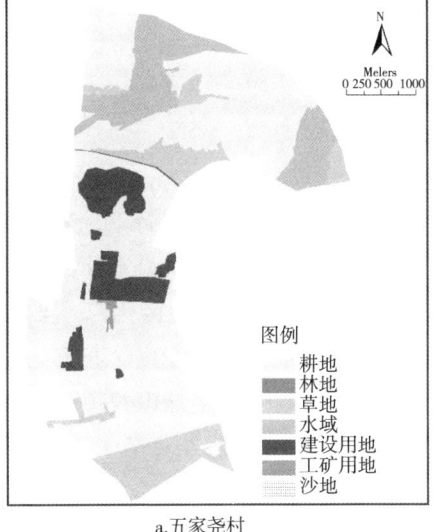
a.五家尧村

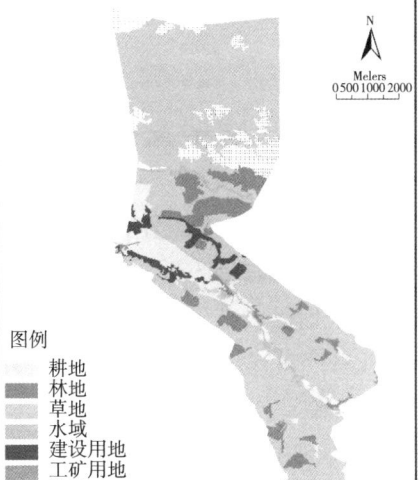
b.公益盖村

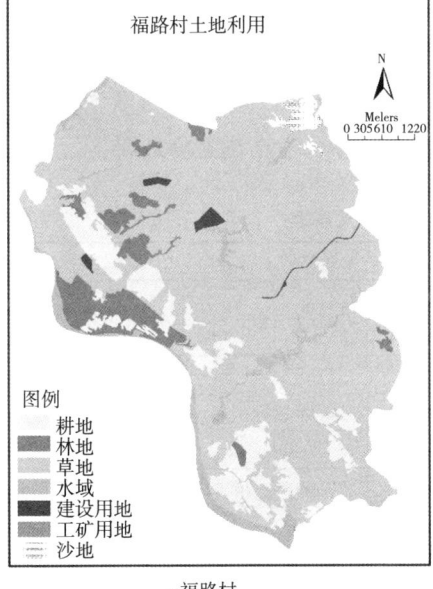
c.福路村

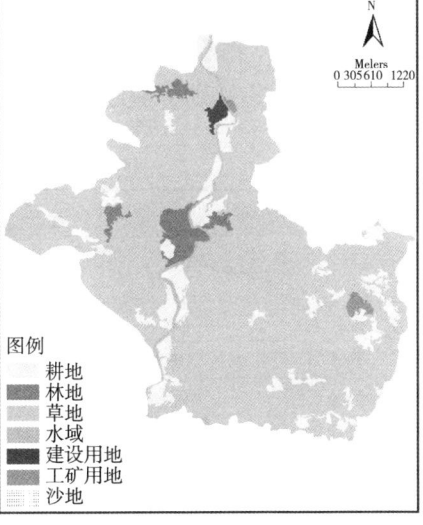
d.长滩村

图5-2 典型村域土地覆被情况

5.4 典型村域农户生计

5.4.1 五家尧村农户生计

基于优越的地理条件和丰富的耕地资源，在相关政策的支持下，五家尧村按照"以资源定产业、以产业定就业、以就业定人口、以人口定社区"发展思路，创造了"三化"（种植规模化、养殖园区化、居住社区化）、"四转变"（生产方式、经营方式、生活方式、管理方式）为特征的"五家尧模式"。如表5-1、表5-2和图5-3所示，五家尧村农户生计以规模化设施农业和专业化养殖业为主，种植业主导型和畜牧业主导型农户比率占80.65%，且以种植业主导型绝对优势（64.52%），另外，少量农户从事非农就业（半农半工型和非农主导型农户分别占12.90%和6.45%），而补贴型农户几乎为零。根据农户调研数据，五家尧村家庭纯收入平均5.58万元，生计多样性指标值1.77，均为准格尔旗四个典型村中最高。其福利水平也最高，生产、生活用水就地取材，能源多以电能、太阳能、天然气等清洁能源为主，住宅大多实现标准社区化，村容整洁，整体生活满意度最高。

表5-1 村域类型与生计类型交叉制表

			生计类型					合计
			种植业主导型	畜牧业主导型	半农半工型	非农主导型	补贴型	
村域类型	现代农牧业村	计数	20	5	4	2	0	31
		村域类型中的 %	64.52	16.13	12.90	6.45	0.00	1
	传统农牧业村	计数	2	9	3	8	8	30
		村域类型中的 %	6.67	30.00	10.00	26.67	26.67	1
	城郊村	计数	1	8	4	16	15	44
		村域类型中的 %	2.27	18.18	9.09	36.36	34.09	1
	煤矿村	计数	0	3	1	42	17	63
		村域类型中的 %	0.00	4.76	1.59	66.67	26.98	1
合计		计数	23	25	12	68	40	168
		村域类型中的 %	13.69	14.88	7.14	40.48	23.81	1

第5章 地理环境与农户生计耦合机制：对乡村振兴的启示

表 5-2　　典型村域地理环境与农户生计对比

典型村	十二连城乡五家尧村	布尔陶亥乡公益盖村	沙圪堵镇福路村	薛家湾镇长滩村
村域类型	现代农牧业示范基地和新农村建设试点村	农牧交错带传统农牧业村	城郊农业村	资源输出型煤矿村
地理区位	黄河南岸平原现代农牧业区；地势平坦，交通便利，生活服务设施齐全	库布齐沙漠传统农牧业区；沙丘密布，内有部分平坦低地	中部丘陵沟壑城镇发展区；紧邻城镇，沟谷密布	东南部丘陵沟壑煤炭开采区；煤炭挖采造成土地塌陷，沟谷深切，地表支离破碎
资源条件	土壤肥沃、水源充足，耕地集中连片且质地优良，农田水利发达	稀疏林草地为主；山间低地，水土条件较好，耕地较为集中	耕地水土条件一般；内有小型水库2座，但储水不足	煤炭资源丰富；水源短缺；耕地、林草地资源紧张
环境现状	村容整洁，环境优良；沿河部分土地盐渍化	风沙干旱，风力侵蚀严重	水土流失严重，村庄散乱，生活垃圾污染	煤炭粉尘致使空气、水、土污染严重
生计策略/模式	规模化设施农业和专业化养殖业为主，以种植业主导型占优势	畜牧业主导型占优势，兼有非农主导型和补贴型生计	进城务工的非农主导型生计，兼有少量畜牧业主导生计	以煤炭采掘为主的非农主导型及补贴型生计
生计结果 家庭纯收入[a]（万元）	5.58	5.44	3.68	4.24
生计结果 生计多样性[b]	1.77	1.67	1.54	1.47
生计结果 用水	生活用水为地下水，埋深约25米；生产用水援引黄河水	生活用水为地下水，埋深约60米；生产用水主要依赖降雨及地下水	生活用水为水库蓄水；生产用水主要依赖降雨及水库蓄水	生活用水为异地调水；生产用水完全依赖异地调水和降雨
生计结果 能源	电、天然气、煤炭、太阳能、柴薪	煤炭、柴薪、电、秸秆	煤炭、柴薪、电、秸秆	煤炭、电

注：[a] Kruskal-Wallis H = 9.100，P = 0.028 < 0.05，因此，拒绝原假设。
　　[b] Kruskal-Wallis H = 11.483，P = 0.009 < 0.05，因此，拒绝原假设。

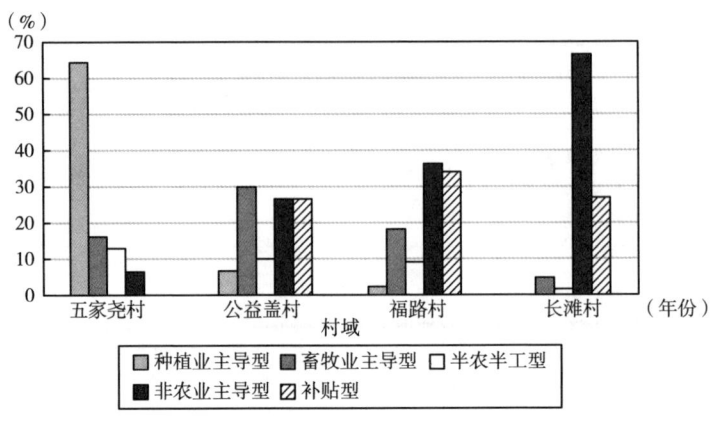

图 5-3 典型村域不同生计类型比重

由此可见，五家尧村农户生计主要得益于平坦的地势、良好的水土条件和充足的耕地资源，先天的地理环境优势加之以科学合理的开发思路和管理制度，五家尧村农户生计与地理环境相互促进、相互提高，达到了最佳耦合状态（对应图 5-2d）。五家尧村现行农户生计是传统农牧业向现代化农牧业成功转型的典范。

专栏：

访谈调查中农民个人口述——农户合作式生计安排

被访者家庭基本情况：陈××，男，47岁。祖籍山西，现居住在准格尔旗十二连城乡五家尧村，家里共3口人。陈××本人，务农，同时经验奶牛厂；妻子，43岁，务农；女儿，16岁，初中在读。

我们家2003年来到本地借用亲戚土地投资10万元建立这个奶牛厂，2008年又投入16万元购买机器设备，注册商标花费10万元，共投资40万元左右。目前奶牛厂占地规模20亩，共有奶牛280头，其中自有100头，为本村村民代管180头。所谓代管并不收代管费，村民的奶牛寄放在我厂圈舍，草饲料等由村民自己提供，他们的奶牛用我的机器挤奶，产出的牛奶按略低于市场价几毛钱的价格卖给我，现在牛奶市价3.7元/公斤左右，收购价3.2元/公斤。正常年份奶牛厂运营情况大致可以这样算：

> 收入：
> 自有奶牛产奶：
> 20kg/（头·天）×100 头×300 天×3.7 元/kg=222 万（元）
> 收购牛奶赚取差价：
> (3.7-3.2)元/kg×20kg/（头·天）×180 头×300 天=54 万（元）
> 宰杀淘汰奶牛：10 头×1.5 万/头=15 万（元）
> 生产粪肥转卖村民：约 10 万元
> 毛收入累计：301 万元
> 开支：
> 购买浓缩饲料：5 万/月×12 月=60 万（元）
> 购买玉米、秸秆：约 80 万元
> 人工费用：常年聘请劳动力 3 人，工资费用约 12 万元
> 防疫治病：约 3 万元/年
> 水电费：约 5000 元/年
> 年开支累计：155.5 万元
>
> 这样粗略概算，正常年份一年净收入能达到 145 万元左右，但实际上存在很多问题。第一，销售渠道单一，主要为附近一家台湾××企业供奶，有的年份牛奶销售不出去；第二，有市场风险，每年牛奶价格波动大，如今年很多地方奶农都把牛奶倒了；第三，奶牛产量较低；第四，饲草料等价格高；第五，资金不足，厂房建设不到位，没建暖棚奶牛过冬消耗得多。对目前的状况不大满意，以后可能想发展牛奶、牛肉深加工业，最需要提供贷款资金。
>
> （——根据访谈记录整理（2015 年 12 月 30 日，准格尔旗十二连城乡
> 五家尧村陈姓农户户主。N40°16′05″，E110°44′42″）

从以上信息可知，该奶牛厂为本地村民代管 180 头奶牛，每年购买村民 345.6 万元牛奶，按每户 3 头奶牛计算，为 60 多户农户提供每年 5 万元左右的收入。本村农户的耕地种植在满足家庭消费基础上，将剩余的农产品（主要为玉米）和农作物废弃物（主要为秸秆）转卖奶牛场以获取现金收入，同时奶牛场为本地农户提供大量的农家肥，这种由农户之间自发合作形成的规模化农牧业生产最大限度地达到了循环、高效、清洁生产。

5.4.2 公益盖村农户生计

公益盖村拥有相对较好的水土条件和较为平坦的地形地貌，当地农户秉承着"为养而种、种养结合"的传统生产模式，以畜牧业主导型生计为主。随着城镇化、工业化进程，部分农户进城务工转向非农业主导型生计。如表5-1、表5-2和图5-3所示，公益盖村畜牧业主导型农户比率最高，为30.00%，其次为非农主导型农户和补贴型农户，比率分别占26.67%和26.67%，另外，6.67%和10.00%的农户从事种植业主导型和半农半工型生计。公益盖村平均家庭纯收入5.44万元，生计多样性指标值为1.67，在四个典型村中仅次于五家尧村。

公益盖村农户生计与地理环境基本相适应，维持在相对平衡状态（对应图5-2b），但该村域地理环境极为脆弱，风沙侵蚀风险大、资源环境承载力有限，应严格控制人们开发利用强度，维持农户生计可持续性。

5.4.3 福路村农户生计

近几年通过"危房改造""十个全覆盖"等政策扶持，福路村农户整体生活水平有所改善。依托邻近于沙圪堵城镇的区位优势，当地政府对农户生计的政策扶持以水果种植、蔬菜大棚，以观光农业和农家乐为主要方向。然而，由于干旱缺水、沟谷密布，政策实施起步晚，实施难度大，福路村农户生计转型效果并不明显。如表5-1、表5-2和图5-3所示，福路村农户以经商、副业、务工等非农生计为主，留下大量空巢老人和留守儿童，非农主导型和补贴型农户比率分别占36.36%和34.09%，另外，18.18%的农户从事畜牧业主导型生计。根据农户调研数据，福路村家庭纯收入平均3.68万元，为四个典型村中最低；生计手段也较为单一，生计多样性指标值为1.54。当地农户生计水平一般，生活用水来源于水库蓄水，较为充足，生产用水紧缺，生产生活用能以煤炭和电力为主，农户生活满意度为中等水平。

2009年，福路村将267亩荒草地承包经营权以280元/亩的价格租赁于佳禾农业开发有限责任公司，租期18年，租金一年一付，涉及农户80

余户，240 余人，人均增收 300 元。该公司主要以新鲜果蔬生产供应沙圪堵镇城区为主，自主经营，雇用农村劳动力 10 人左右，拥有大棚 60 余栋，年产值约 200 万元。然而这种"公司+基地"组合模式，由于规模小、管理水平差、生产效率低，且缺乏农户的参与，并不能很好地带动就业，高成本加上市场波动的影响，可持续性并不强。

福路村农户生计转型面临的主要困难是干旱缺水、地形地貌限制以及经营管理技术不足，优势是邻近城区市场。面临地理环境条件不佳等不可抗力因素，福路村农户生计与地理环境已达到饱和平衡状态，提高其农户生计水平的有效途径是向城区转移（对应图 5-2c）。

5.4.4 长滩村农户生计

历史上长滩村内有"十里长川"河流，水源充足、土地肥沃，孕育了以种植、畜牧、林果业为基础的"十里长滩"，当地农户以农业和手工业为主要生计。然而，近十几年来，由于不合理的开发利用（尤其是煤炭开采），造成了土地塌陷、水土流失、粉尘污染等地理环境的严重破坏，迫使长滩村农户大量迁移。现存农户以进城务工和煤炭采掘为生，留下大量空巢老人。如表 5-1、表 5-2 和图 5-3 所示，以进城务工和煤炭采掘为生的非农主导型农户占 66.67%，补贴型农户占 26.98%，全村平均家庭纯收入 4.24 万元，在四个典型村中排第三位，生计多样性指标值为 1.47，为四个典型村中最低，是典型的消亡型村落。当地农户生活满意度最低，除了严重的环境污染外，生活极不便利，水源干涸，生活用水需要异地调水，生产用水完全靠降雨，生产生活用能以煤炭为主。

长滩村是中国城镇化、工业化过程中具有典型代表性的资源输出型和消亡型村落，农户生计严重依赖并过度掠夺地区资源，农户生计的短期提高与地理环境的长期恶化是耦合关系中最为矛盾对立的一种（对应图 5-2a）。长滩村农户生计发展转型面临的最大问题是资源环境的不合理开发利用以及农户权益的侵占，唯一解决途径是政府主导、农户参与，改变对矿产资源的开发利用方式，采用清洁生产、保护开发，同时保障村域农户集体财产权、环境监督权、公共事务参与权（农户增权理论）。

5.5 本章小结与讨论

5.5.1 农户生计与地理环境耦合机制

地理环境是人类赖以生存的综合体,由自然环境和人文环境两大部分构成(见图5-4)。其中,自然环境是人类生存的自然界,包括作为生产资料和劳动条件的土壤、气候、水及生物等各种自然条件的总和(伍光和蔡龙运,2004);人文环境即社会环境,是人类生存、社会发展所必需的经济、政治文化和历史的总和(曲玮等,2010)。农户生计选择是在一定村域空间结构体系下,根据地形地貌、土壤、水文、植被、交通、矿产、距离城镇远近等自然、人文要素特点,以特定的开发强度和利用方式,从村域地理环境中谋取生活资料和生计手段,并在村域空间以某种主体模式呈现(见图5-5)。村域地理环境是影响农户生计最直接、最密切的外部环境,其地理区位、资源禀赋、环境卫生在特定的政策制度、技术条件下共同影响、决定农户生计选择决策、发展能力和人居福利等,同时,也受到农户生计活动开发改造的反作用。

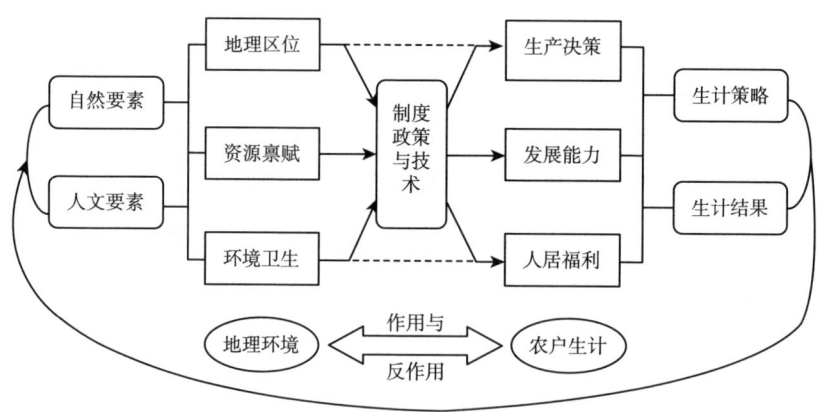

图5-4 农户生计与地理环境耦合机制

第5章 地理环境与农户生计耦合机制：对乡村振兴的启示

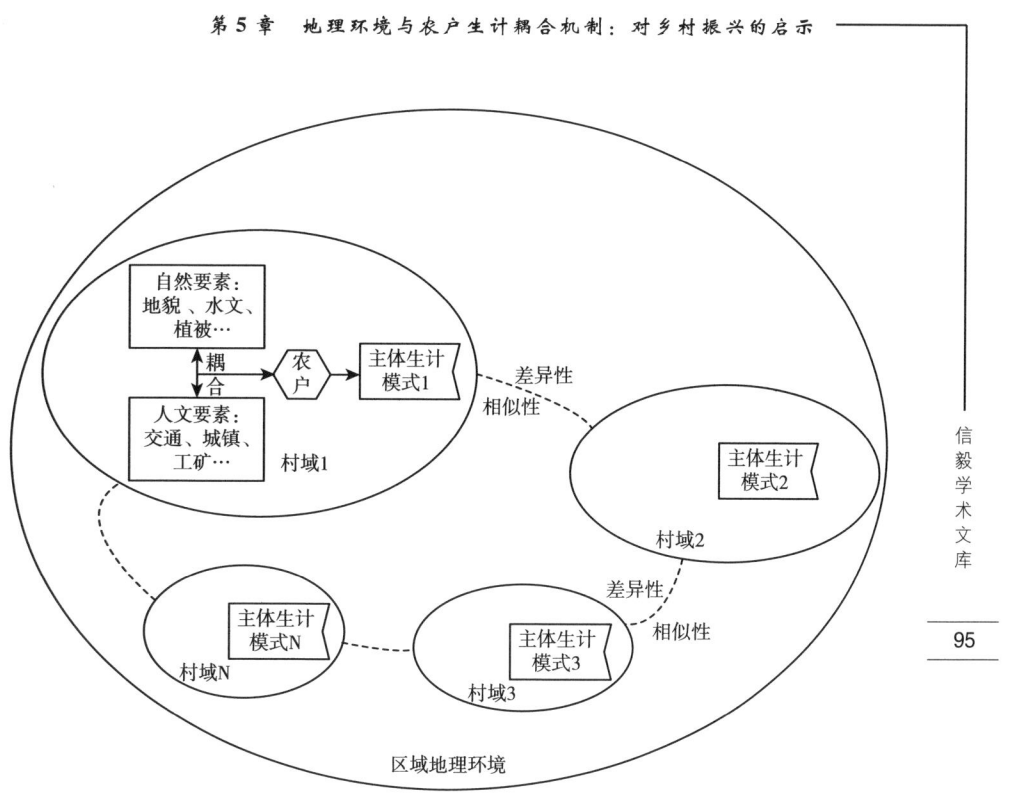

图5-5 地理环境与农户生计空间分异机理

在地理区位方面，主要体现为地形地貌、海拔高度、交通条件及距离公共服务设施（如市场、医院）远近等自然、经济区位对农户生计的影响（李双成等，2005；McLennan and Garvin，2012），且往往对农户的非农就业决策影响较大。沙圪堵镇福路村因为邻近城镇，交通成本相对较低，受城镇社会经济辐射大，村域劳动力大多选择进城谋取非农生计。十二连城五家尧村地形平坦开阔，土地集中连片，因而适于规模化农业。在资源禀赋方面，主要体现为土地资源、水资源、矿产资源等对农户生计的影响（Hilson，2010；Miller，2011；Cobbinah et al.，2015；Mcintyre et al.，2016），其资源种类和丰富程度直接奠定了村域农户生计的发展能力。十二连城乡五家尧村优渥的耕地资源，与薛家湾镇长滩村丰富的煤炭资源，使两个村域拥有比其他村更好的发展基础和发展能力。但不同的资源类型决定了两个村域农户生计不同的发展方向，管理制度的好坏更是影响了两个村域农户生计结果的好坏。在环境卫生方面，主要体现为乡村工业污染、农业污染、生活垃圾污染等对农户人居福利的影响（Wang et al.，2008；Wang et al.，2017；Wu et al.，2017；Sidhu et al.，2017）。布尔陶亥乡公益盖村常年的风沙侵蚀与薛家湾镇长滩村煤炭开采造成的粉尘污染，都严重影响到当地农户的生产生活质量，迫使部分农户移民搬迁。村域特定的地理环境使农户选择性地采用相适用的生计模式，同村域内农户生计模式大体相同，不同村域农户则因地理环境的不同而呈现生计模式的差异，并随地理环境的空间变化呈现一定分布规律。地理环境的空间异质性决定了农户生计的空间差异。

村域地理环境与农户生计往往相互作用、相互影响，其耦合类型多种多样：（1）紧张对立型（Intense Type）：在资源型村域，资源开采能给当地农户带来一定的财富收入，大多数农户倾向于采用资源依赖型生计模式，但如果过度开采，不注重生态环境的保护，极易引发"资源诅咒"现象，生态破坏，资源枯竭，农户返贫（见图5-6a）。薛家湾镇长滩村农户生计转变的失败，除产权制度和管理制度的原因外，还与煤炭资源的过度开采和环境的破坏有直接关系。（2）稳定平衡型（Homeostatic Type）：通常，大多数村域农户生计与地理环境基本相适宜，资源环境承载力与农户生计水平基本维持在平衡状态，且短时期内不会有太大变化（见图5-6b）。布尔陶亥乡公益盖村由于相对隔离（Isolated）的地理位置，受城镇化、工业化等外界影响较小，长期沿袭着农牧交错带所特有的传统畜牧业主导型生计模式。（3）转移溢出型（Transfering Type）：部分村域则因为邻近村域发展较好或邻近城镇区，受外部性影响较大，农户大量外出就业（一般从事非农就业），或有外部资源的流入，因而在本村域地理环境基本不变的情况下农户生计水平有所提升（见图5-6c）。沙圪堵镇福路村农户的非农化生计转型即是典型案例。（4）优化协调型（Optimized Type）：仅有少数村域因为技术进步、管理制度创新而实现了地理环境与农户生计水平的相互促进和同步提高，达到了理想的耦合效应（见图5-6d）。十二连城乡五家尧村在良好的耕地资源基础上，加之以生产经营制度的改革，实现了农户生计与地理环境的优化协调。

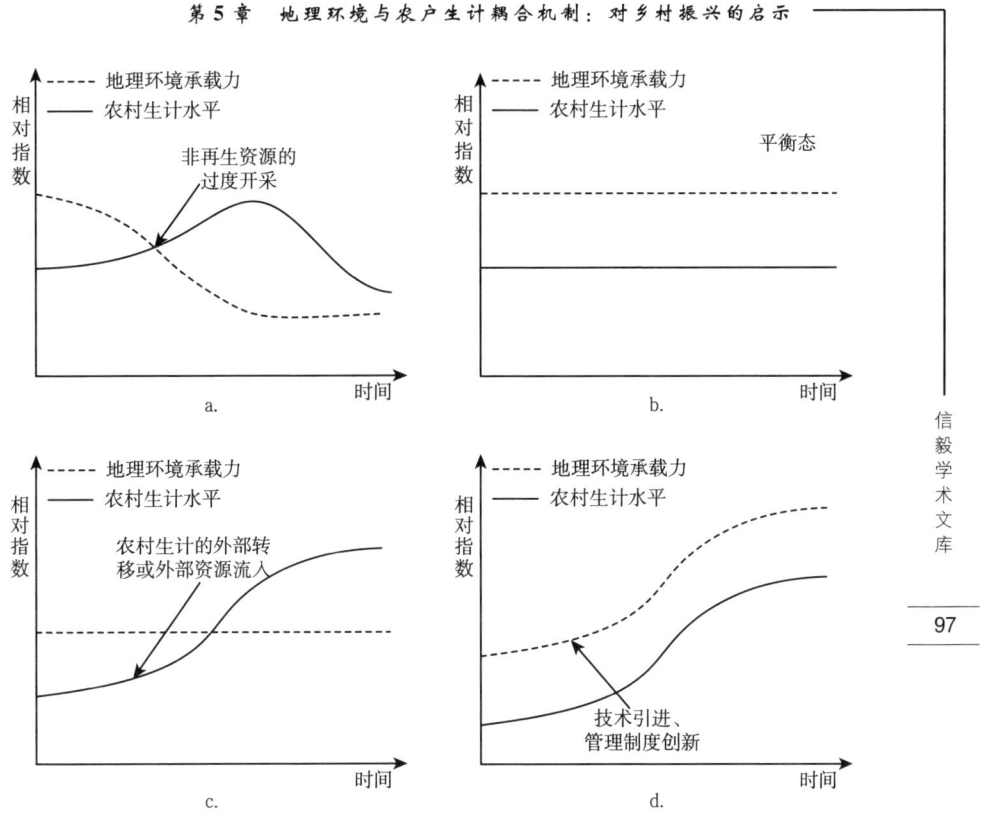

图 5-6 地理环境与农户生计耦合关系

5.5.2 乡村振兴政策启示

准格尔旗案例研究表明,尽管高度城镇化和工业化,在缺乏政策干预条件下农村生计与地理环境两者关系不会自发地向着良性循环转变。由于地理环境的复杂性,乡村振兴战略必须在村域尺度下根据生计—环境关系的实际情况因地制宜、精细化操作实施。政府部门应推进农村开发管理的制度性改革,致力于优化农村区位条件、提高农户资源可获得性,改善乡村环境卫生。

具体而言,在资源丰富村域,资源开发政策和管理制度显得尤为关键(Palacios et al., 2013)。在现行农村集体所有制度下,农民的资源财产权利不够明晰,在一定程度上削弱了农民谋求可持续生计的能力（Lu and Lora-Wainwright, 2014; Dong et al., 2015）。长滩村煤矿产权的强制性买断和一次性补偿不利于当地农户的长远生计建设，而五家尧村由于农户对流转耕地经营权的部分占有，与农业公司一起积极参与耕地的经营管理和生产决策，从而获得了较为稳定成功的生计保障。根据赋权理论（Zimmerman, 1990），资产占有权、经营权、社区事务决策参与权等外部权利是农户发展可持续生计的基础和前提。因此，在资源富饶村域，乡村振兴应重点振兴农民权利。在具有区位优势的城郊村，如本书提及的福路村，城镇转移和非农就业是农户最为明智和有利的生计选择（Liu and Liu, 2016），但是需要相对较高质量的人力资产为前提（Hu et al., 2011; Bhandari, 2013; Huang et al., 2017）。因此，在城郊村，乡村振兴应重视农户人力资产的振兴，加强农户职业教育和技能培训。

在偏远贫瘠或者污染严重的村域，如本书提及的长滩村，资源过度开发、生态退化严重，宜选择生态修复与移民搬迁策略。此类村域的乡村振兴应侧重环境振兴。而在公益盖村，资源环境承载力有限、发展停滞不前、内生动力不足，在现有经济环境下单纯依靠农户自身无法突破发展"瓶颈"（王成超，2010）。我国大部分农村和公益盖村一样，资源环境与经济发展处于平衡态。正如中央"一号文件"《中共中央国务院关于实施乡村振兴战略的意见》指出，产业兴旺既是农村振兴发展的原因，也是结果（董进智，2017；宋岩，2018）。因此，此类村域的振兴重点应放在农村产业方面，除加强农户外部赋权和内部能力提升外，还应依靠政策外力重组农村资源、重构基层组织、挖潜乡村文化和完善基础设施，为农村产业振兴奠定基础。

因此，从农户生计和环境关系视角来看，乡村振兴应该在村域尺度上根据实际情况差别化地实施"权利振兴""人力振兴""产业振兴"和"环境振兴"，协调优化农户生计与地理环境的耦合关系。

5.5.3 本章小结

准格尔旗地理环境空间分异特征明显，农户生计与之耦合相互影响，表现出显著的地域差异和地理规律。十二连城五家尧村地处黄河南岸平原区，地势平坦，交通便利，水土肥沃，耕地集中连片，在政府大力扶持下以"公司+基地+农户"模式引导农户规模化种植、园区化养殖，实现了现代化的农牧业生产。村域内农户生计类型以种植业主导型为主，收入水平和生计多样性为4个典型村中最高，居住条件实现社区化建设管理，村容整洁、环境优美，生活幸福度最高。五家尧村现代化农牧业发展模式，是农户生计与地理环境耦合的理想模式（优化协调型）。

布尔陶亥乡公益盖村地处库布齐沙漠区，沙丘密布，干旱缺水，山间低地水土条件较好，耕地较为集中，村域内农户秉承着传统农牧业生产方式，生计类型以畜牧业主导型占优势，兼有非农主导型和补贴型，农户家庭收入水平和生计多样性仅次于五家尧村。公益盖村农户生计与地理环境基本相适应，耦合关系维持在平衡态（稳定平衡型）。

沙圪堵镇福路村地处中部丘陵沟壑城镇发展区，紧邻沙圪堵镇城区。村域内沟谷密布，水土流失严重，土地资源条件中等，水资源短缺，尽管政府扶持以"公司+基地"模式发展观光农业与农家乐，但囿于地理环境综合条件较差和技术管理水平缺陷，农牧业发展并不理想，农户生计以进城务工的非农主导型为主，兼有少量畜牧业主导生计，农户收入水平为4个典型村中最低，生计多样性水平中等。福路村农户生计水平的提高主要依靠向城镇转移，与地理环境的耦合关系有待进一步改善（转移溢出型），应当加大政策扶持力度，同时对农户进行职业技能培训，提升农业技术管理水平和非农职业技能。

薛家湾镇长滩村地处东南部丘陵沟壑煤炭开采区，沟谷深切，地表支离破碎，煤炭资源丰富，但由于煤炭开采造成地表塌陷、土地污染、水源干涸，村域农户生计以煤炭采掘的非农主导型为主，另外，由于环境污染本村农户大量外迁，留下部分补贴型农户。长滩村由于对矿产资源的过度开发，造成土地资源、水资源的污染和枯竭，生计趋于单一化，收入水平和生计多样性都处于较低水平。长滩村农户生计与地理环境耦合关系最为矛盾对立（紧张对立型），应当调整矿产资源开发利用的方式和强度，实施生态复垦，增加农户权益，保障农户可持续生计。

综上所述，在特定的政策制度和经济技术条件下，地理环境不仅影响农户生计策略/模式的选择，其承载力的高低也影响着农户家庭收入和生计多样性水平等，这在空间上即表现为农户生计的地理分异。地理环境与农户生计耦合的 4 种类型代表着人地关系的 4 种状态，农户生计必须根据地理环境条件作出合适的选择并与之相适宜，才能达到相互促进的理想耦合状态。未来乡村振兴应该在村域尺度上根据实际情况差别化地实施"权利振兴""人力振兴""产业振兴"和"环境振兴"，协调优化农户生计与地理环境的耦合关系。

第6章 农户资产禀赋与生计选择机制

6.1 理论分析

个体农户差异可具体表现为资产禀赋上的差异,而这种差异也必定影响农户所从事生计活动的种类,继而影响生计策略的选择。DFID可持续生计框架虽然罗列出农户生计资产,并将其归类为自然资产、人力资产、物质资产、金融资产和社会资产五种类型,但并没有阐述清楚各类资产对农户可持续生计获取的具体作用及其重要程度。根据多数学者普遍认识及相关研究(Hu et al.,2011;Bhandari,2013;Cobbinah et al.,2015;Tian et al.,2016;Huang et al.,2017),在五种资产中,劳动力是唯一具有主观能动性和创造性的资产,在资产运用谋取生计活动的过程中起主导作用,同时其他各项资产也影响人力资产的质量水平。在特定的社会经济发展背景趋势和政策制度框架下,农户根据自身资产禀赋,组合、运用、分配各项生计资产,从事相应的生计活动,从而形成具有一定规律、特征的生计策略/模式。准格尔旗生计策略的选择正是农户重新组合、分配生计资产,从畜牧业主导型这一传统生计模式转向其他类型生计模式的过程。因此,本章从农户自身的资产禀赋角度出发,构建一套生计资产评估指标体系,运用无序多分类逻辑回归模型,定量分析各项生计资产在农户生计策略/模式选择过程中的重要程度和所起作用(见图6-1)。

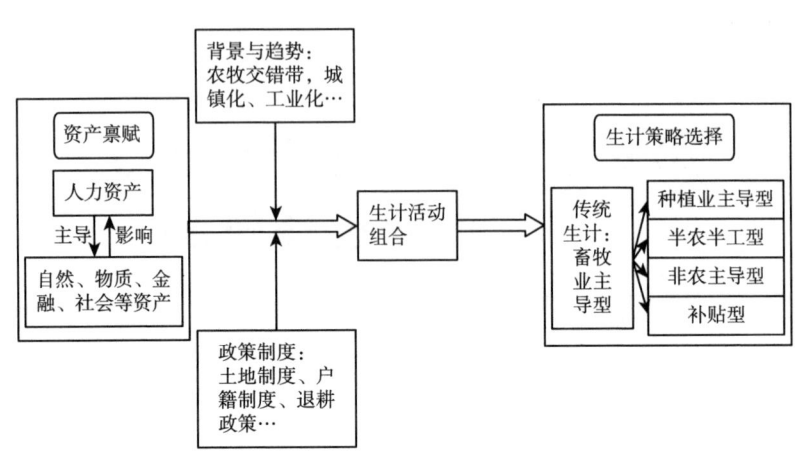

图 6-1 农户生计资产禀赋与生计策略选择机制

6.2 数据与方法

6.2.1 数据说明

本章截取农户调研数据库中 2013 年数据。2013 年 12 月除对农户生产生活一年一度的调研外,还针对农户五大类生计资产做了一个全面的专项调研(见附录 5),通过问卷调查、乡镇村分层、入户随机,共走访 7 个乡镇,28 个行政村,发放问卷 227 份,获取有效样本 220 份。

6.2.2 研究方法

6.2.2.1 生计资产量化

资源或财产可看作被个人、家庭和社会群体等不同等级的主体直接或间接开发利用,以谋求生存手段、获得物质财富的资产(Ellis,2002)。这些资产不仅能帮助人们生存、适应、减少贫困,同时也是用户去反应和再生、挑战或改变资源控制、使用、转变规则的基础（Giddens，1981）。很多研究用生计资产来评估和衡量人们的生计水平，结果证明，生计资产在生计策略塑造过程中起着基础作用，左右着人们生计选择，并与生计多样性高度相关（Yan et al.，2009）。实际上，生计资产在很大程度上决定并代表着农户的生计水平，因此，本章重点强调生计资产组合的定量计算和评估。

在可持续生计分析（SLA）框架中，生计资产组合包括自然资产、物质资产、金融资产、人力资产和社会资产。资产五边形的中心点（即各中线交点）代表着资产为零，顶点代表着资产的最大值（Baumgartner and Hogger，2004）。尽管资产五边形对各类型资产作出了很好的描述，但并没有提供具体的定量研究方法。因此，通过对各领域专家咨询，本章在 SLA 框架中下构建了一套生计资产评估指标体系（详见表 6-1），并运用特尔斐法对其赋予权重。

表 6-1　农户生计资产评价指标体系

生计资产	指标	赋值	计算公式
人力资产/H	家庭劳动力/H_1	根据农户年龄赋值，求和。婴幼儿、残疾人及不能劳作的老年人 0；10 岁以下的孩子赋值 0.2；11~18 岁之间的成年人赋值 0.6；19~60 岁之间的中老年人赋值 1；61 岁以上的老年人赋值 0.5	$H = H_1 \times 0.55 + H_2 \times 0.35 + H_3 \times 0.1$
	户主教育水平/H_2	文盲赋值 0；小学赋值 0.25；初中赋值 0.5；高中及中专赋值 0.75；大专及以上赋值 1	
	健康状况/H_3	根据调研数据，用家庭人均医疗费用表示/万元	
自然资产/N	耕地面积/N_1	家庭实际耕地面积/亩	$N = N_1 \times 0.4 + N_2 \times 0.2 + N_3 \times 0.3 + N_4 \times 0.1$
	耕地质量/N_2	主要农作物（玉米）单产/（kg/亩）	
	草地面积/N_3	家庭实际草地面积/亩	
	草地质量/N_4	根据农户对草地质量认知赋值。较差赋值 0.2；一般赋值 0.5；较好赋值 0.8；很好赋值 1	
物质资产/P	生活资产/P_1	设定二分变量，拥有赋值为 1，否则赋值为 0，求和	$P = P_1 \times 0.15 + P_2 \times 0.15 + P_3 \times 0.35 + P_4 \times 0.35$
	生产资产/P_2	设定二分变量，拥有赋值为 1，否则赋值为 0，求和	
	住房资产/P_3	根据住房面积、楼层数、房屋结构加权综合赋值	

续表

生计资产	指标	赋值	计算公式
物质资产/P	牲畜资产/P_4	根据市场价格对农户牲畜拥有量折算市场价值/万元	
金融资产/F	家庭纯收入/F_1	根据调研数据，用农户家庭年纯收入表示/万元	$F = F_1 \times 0.45 + F_2 \times 0.35 + F_3 \times 0.2$
	信贷情况/F_2	设定二分变量，拥有赋值为1，否则赋值为0，求和	
	保险情况/F_3	设定二分变量，拥有赋值为1，否则赋值为0，求和	
社会资产/S	家庭公职人员/S_1	用农户家庭公职人员数表示/人	$S = S_1 \times 0.25 + S_2 \times 0.3 + S_3 \times 0.45$
	邻里紧密度/S_2	根据农户聚居情况、邻里关系赋值。高度聚居、邻里往来频繁赋值1；小规模聚居、邻里关系较好赋值0.75；散居邻里关系一般赋值0.5；散居邻里很少往来赋值0.25	
	亲戚网络/S_3	根据调研数据，用农户年送礼金表示/万元	

6.2.2.2 无序多分类逻辑回归（multinomial logit model）

逻辑回归适用于基于多个自变量的分类因变量的预测，当逻辑回归的因变量是多分类无序变量时，宜采用多分类逻辑回归。即：当因变量Y有 $j = 1, 2, \cdots, J$ 种类别时，如果把第J类作为参照类别，其他 $J - 1$ 类发生的概率比可表达为：

$$\ln\left[\frac{p(y = j/x)}{p(y = J/x)}\right] = \alpha_j + \beta_{j1}x_1 + \beta_{j2}x_2 + \ldots + \beta_{jn}x_n \quad (6-1)$$

式（6-1）可进一步演变为：

$$\text{odds}_{(y=j)} = \exp\left(\alpha_j + \sum_{i=1}^{n} \beta_{ji}x_i\right) \quad (6-2)$$

其中，odds代表因变量 $y = j$ 相对 $y = J$ 的发生概率比；ln为自然对数；p为事件发生概率；y为类别虚拟变量，取值范围为 $j = [1, J]$，本书中j代表种植业主导型、畜牧业主导型、半农半工型、非农主导型和补贴型等5种农户类型，因此j最大取值为5，并设置畜牧业主导型为参考类型；α

为截距项；x 为解释变量，即 5 类生计资产；n 为解释变量数量，n = 5；β 为解释变量的回归系数，当 β 为正值时，表示解释变量 x 为每增加一个单位引起被解释变量的概率相应增加，反之减少。

本章从农户生计资产自身禀赋的角度出发，采用无序多分类逻辑回归分析农户对不同生计模式的选择概率，并将曾经一度被农牧交错带农户广为采用的生计类型——畜牧业主导型设为参考对照项。如此，能够准确、有效地评估生计资产在塑造生计策略/模式和促进生计转型中的角色和作用。

6.3 结果分析

如表 6-2 所示，模型整体拟合较好，拟合优度检验卡方值 1000.328 在 0.01 水平上显著。模型系数显著性检验的卡方值 148.682 在 0.01 的水平上显著，表明五类生计资产中至少有一类资产可以有效地解释或预测农户家庭生计模式选择情况。

首先，与畜牧业主导型生计相比，农户选择种植业主导型生计受自然资产和物质资产显著影响，自然资产每增加一个单位，农户选择种植业主导型生计的概率将提高 91.375 倍，物质资产每减少一个单位，农户选择种植业主导型生计的概率将提高 0.02 倍，这基本吻合种植业主导型农户对土地（自然资产）的高要求，以及在禁牧政策下对牲畜、圈舍等物质资产的舍弃。农户从畜牧业主导型生计转向半农半工型生计主要是出于对剩余劳动力的充分利用，人力资产每增加一个单位农户选择半农半工型生计的概率将提高 79.167 倍。农户选择非农主导型生计同时显著地受人力资产、社会资产的正影响和自然资产、物质资产的负影响，人力资产、社会资产每增加一个单位，自然资产、物质资产每减少一个单位，农户选择非农主导型生计的概率将分别提高 954.196 倍、24.345 倍、0.014 倍、0.054 倍。这基本符合非农就业对农户劳动力和社会关系的高要求以及对土地等农业生产资料的舍弃。而农户转向补贴型生计是由于各项生计资产的缺失，且主要受人力资产的影响。除自然资产外，其他 4 项资产每减少一个单位，而农户转向补贴型生计的概率将分别提高 0.037 倍、0.001 倍、0.001 倍、0.001 倍。

表 6-2　　农户生计策略选择无序多分类 Logistic 回归

生计资产	农户类型[a]							
	种植业主导型		半农半工型		非农主导型		补贴型	
	回归系数	优势比	回归系数	优势比	回归系数	优势比	回归系数	优势比
人力资产	0.257	1.294	4.372*	79.167	6.861***	954.196	-3.288**	0.037
自然资产	4.515*	91.375	-1.649	0.192	-4.247**	0.014	1.416	4.120
金融资产	-0.132	0.877	-0.447	0.639	0.267	1.306	-6.964***	0.001
物质资产	-6.369**	0.02	-0.872	0.418	-2.914*	0.054	-6.921***	0.001
社会资产	-2.026	0.132	2.481	11.952	3.192*	24.345	-6.514**	0.001
常数项	0.287	—	-3.068*	—	-1.576	—	6.315***	—
检验统计量								
样本量 N = 220								
似然比检验 χ² = 148.682*** （df = 20）								
拟合优度 χ² = 1000.328***								
伪 R² 内戈尔科 R² = 0.536								

注：a 模型以传统畜牧业主导型农户为参照组。*、**、*** 分别表示在 0.1 水平、0.05 水平、0.01 水平下显著。

其次，物质资产对农户生计模式选择的影响较大。与畜牧业主导型农户相比，物质资产对农户选择种植业主导型、非农主导型、补贴型生计模式都表现出显著的负作用，物质资产每增加一个单位，农户选择此三种生计模式的概率将分别降低 9.872、4.698、25.284。这是因为物质资产中的牲畜资产在决定农户生计模式选择时起主导作用，牲畜资产的减少必将迫使传统农户向其他生计转型。而现行的退耕禁牧政策正是以控制牲畜资产数量为抓手影响着农户的生计。

最后，自然资产和社会资产对农户的非农主导型生计模式选择分别起着阻碍和促进截然相反的影响。与畜牧业主导型农户相比，自然资产、社会资产每增加一个单位，非农主导型生计模式选择的概率将分别降低 5.499 和提高 4.498。这是因为自然资产（主要是土地）丰富的农户家庭因恋土情节而对抛荒土地转入非农就业顾忌更多，同时，多样的社会关系更有利于促进非农就业。

6.4 本章小结

在城镇化和工业化趋势下,农户正通过重新配置其生计资产来改变和调整他们的生计策略/模式(Liu and Liu,2016)。不同生计资产对不同类型的农户影响不尽相同(Fang et al.,2014)。

首先,自然资产(耕地和草地)是农户选择和变换生计策略的首要基础。在现行的农村土地产权和管理制度下,农户的社会福利直接或间接地与其所分配的土地相关(Mullan et al.,2011;Liu,2014)。不论何种生计类型,几乎所有的农户仍然在一定程度上依赖于土地。对补贴型农户而言,大多数收入来源,包括退耕补贴、粮食直补、生态补偿、土地征收补偿等,都直接与土地挂钩。甚至是几乎已脱离农业生产活动的非农主导型农户依然不愿放弃农村土地承包经营权,并将其视为非农就业失败的风险保障。这从2008年金融危机时大量农户返乡务农就能充分体现出来。类似地,Fang(2013)着重强调了自然资产对于牧民生计的重要性;Hu等(2011),Mullan等(2011)和Bhandari(2013)发现土地资产的占有抑制了农户离开农业部门的决心。

其次,人力资产和物质资产是影响农户从传统生计(畜牧业主导型)转向非农生计(半农半工型和非农主导型)或退休型生计的关键因子。在快速城镇化、工业化背景下,农村劳动力倾向于流入城市寻求第二、第三产业就业,人力资产越丰富,得到工作的概率越大(Barrett et al.,2001;Hu et al.,2011;Bhandari,2013;Huang et al.,2017)。物质资产(主要是牲畜)历来帮助农户在干旱、半干旱的恶劣条件下更轻松地生存(任继周等,1995;Soltani et al.,2012;Tesfaye et al.,2011),但现今对牲畜的依赖实际阻碍了农户生计的转变。

最后,金融资产对农户生计策略转变影响不显著,是因为大多数农户从事的是简单低端的生产活动,如自给式种植、建筑工地体力劳动、矿工、搬运工、清洁工等,这些工作不需要大量金融资产的投入,大多由亲属介绍而来。这也是为什么社会资产对非农主导型生计更为显著重要。

第 7 章 结论与讨论

7.1 主要结论

在快速城镇化、工业化背景下，地处北方农牧交错带的准格尔旗农户正根据自身资产禀赋，通过重新配置生计资产来改变和调整生计策略/模式。在过去的十几年中，准格尔旗农户生计从传统单一固定的生计策略/模式转向更为多样灵活的生计策略/模式。但同时一些不可持续的因素也伴随而来，如过度放牧、"空心村"、土地闲置、生态退化等。为有效引导和保障农户可持续生计，政府做出了一系列政策安排：一方面相继出台了退耕还林、禁牧围封、生态移民等系列环境政策，以倒逼农户的非农就业和生计转移；另一方面施行相关补贴政策以保障和提高留在农业部门的农户生计，如粮食直补政策、取消农业税等。面对这系列政策刺激和其他社会经济变化，农户通过动态选择、变换生计策略/模式以规避风险、增加收入。准格尔旗农户生计的动态转变过程是过去十几年中国农村发展变化的缩影。本书基于长时间序列的农户调查数据对准格尔旗农户生计转变进行了动态分析，并从宏观、区域、微观三个层面对农户生计转变的驱动机制做了深入探讨，得出以下主要结论。

7.1.1 生计转变规律与趋势

根据从事职业和收入结构，农牧交错带农户生计可以划分为种植业主导型、畜牧业主导型、半农半工型、非农主导型和补贴型五类。其中，畜牧业主导型和非农主导型生计是农牧交错带最主要的 2 种生计类型，前者是农牧交错带传统生计类型，在退耕禁牧前被农户广泛采用，后者近年来较为普遍；其他 3 种为过渡性或新型生计类型，但都具有后续发展潜力。

准格尔旗农户生计转变的特征和趋势可概括为：传统农业生计（畜牧业主导型）向非农生计（半农半工型和非农主导型）外部转移的主流性和全面性，农业生计（种植业主导型和畜牧业主导型）内部规模化、专业化变迁的有限性和局部性，以及空间格局的进一步优化。具体表现为：种植业主导型和畜牧业主导型农户在退耕禁牧等政策影响下由过去广种薄收、过度放牧的粗放式农牧业生计大量转向城区和矿区从事非农主导型生计（农户比例从 27.54% 增至 50.00%），小部分农户则趋向集中于农业优势地区（黄河南岸平原和库布齐沙漠水土条件较好的少数地区）从事集约化、规模化的专业种植和圈养舍饲，逐渐由"自耕农"向"职业农民"转变。这些转变带来的结果是农户家庭纯收入的持续增加和当地环境压力的大幅缓和，但同时也带来"空心村"、补贴型农户的大量出现和生计单一化的风险。

7.1.2 生计转变驱动机制

影响农户生计转变的因素复杂多样，既有政策制度、经济波动、城镇化、工业化等宏观因素的驱动，又有地理环境区域因素的影响，还有农户自身条件等微观因素的制约，而且各驱动因素之间相互影响、相互作用（见图 7-1）：政策制度、经济发展等作为外部驱动因素，对农户生计的影响最为广泛、直接，但也往往较为笼统，对具体区域的个体农户的作用缺乏针对性，容易造成政策偏颇；个体农户的资产禀赋，作为内部驱动因素，在宏观政策经济导向下重新组合配置决定了农户生计策略/模式的分异；而村域地理环境是承接宏观政策经济对个体农户"自上而下"作用和个体农户对政策经济"自下而上"反应的媒介载体，村域地理环境既分化了宏观政策经济对农户生计的影响，同时也承受着农户生计活动对地理环境的开发改造。

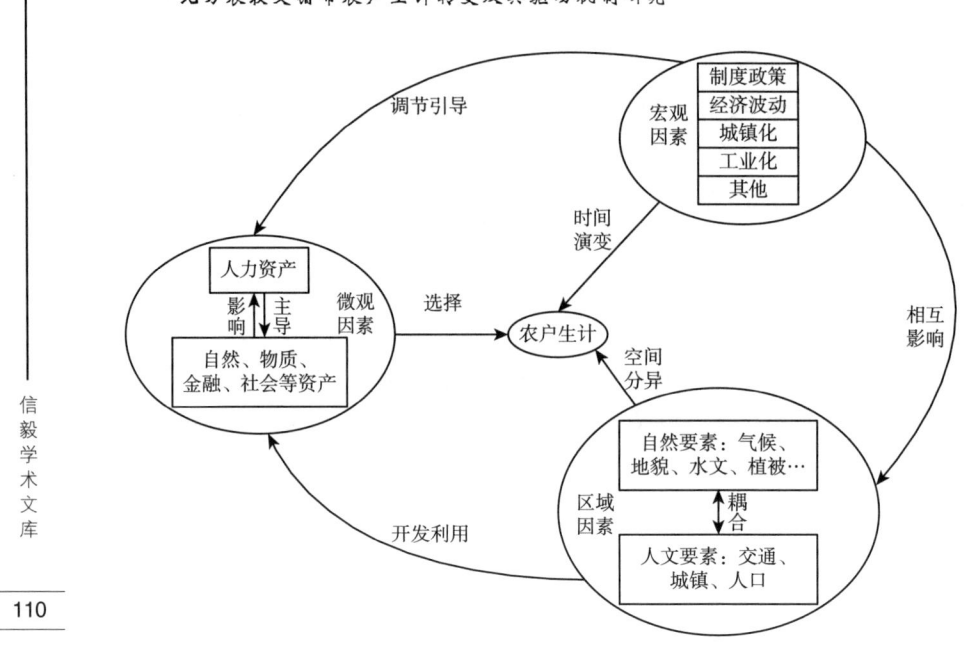

图 7-1　农户生计转变驱动机制

（1）在宏观因素中，退耕还林政策无疑推动了农户生计策略的转变，但是否达到预期正向的生计结果，本书基于倍差法模型通过实证得出：农户家庭收入的快速增长主要归功于工业化、城镇化与经济发展带动的时期效应，而退耕还林作为一项生态建设工程，不仅没有直接提高农户收入，甚至还在退耕阶段显著地降低了农户收入，也促进了农户生计的单一化。这是因为退耕禁牧缩小了农户的农牧业收入来源，而退耕补贴远不及农户退耕禁牧损失。

（2）在区域因素中，村域地理环境不仅影响农户生计策略/模式的空间分布，其承载力的高低还影响着农户家庭收入和生计多样性水平等。通过 Kruskal – Wallis 验证，农户生计在空间上表现出显著的地理差异。地理环境与农户生计耦合的"紧张对立""稳定平衡""转移溢出""优化协调"4 种类型，分别代表着人地关系的 4 种状态。农户生计必须根据地理环境条件作出合适的选择并与之相适宜，以达到相互促进的理想耦合状态。

（3）微观因素则可归结于农户自身的资产禀赋。通过逻辑回归实证分析表明，人力资产和物质资产（牲畜）是影响农户生计分化的关键因子，而自然资产（耕地和草地）则是农户选择、变换适应性生计策略的前提和基础。

7.2 政策启示

7.2.1 农户生计转型政策启示

农户生计的动态转变是对政策刺激、经济波动、地理环境、自身特质等因素适应性的综合结果。因此，对农户生计的政策干预和管理必须根据不同地理环境、不同生计类别有针对性地作出适宜性安排，引导农户生计资产的合理配置以获得可持续生计。

首先，必须基于村域单元的地理环境综合区划，识别地理环境差异与农户生计的耦合类型，根据村域地理环境优势，制定科学合理的村域发展规划与产业发展思路，以引导农户生计转变。对于农牧交错区传统农牧业村，禁牧围封政策已经实施20多年，应该在草畜平衡前提下鼓励发展草业种植，并适当放开禁牧，大力扶持畜牧业主导型生计，最大可能地激发农牧交错优势和潜能。对于水土条件较好的农业优势村域，应该通过加大农田水利建设和土地整治来提高其自然资产，扶持设施农业发展，针对种植/养殖专业户进行政策、资金和技术的扶持，培育职业农民。对于城郊和矿区村域，针对半农半工型和非农主导型农户，通过教育和技能培训来进一步提高其人力资产水平，延伸其就业范围和就业层次，向高端产业转移，提高其生计多样性和稳定性。

其次，改革完善农村自然资源的分配、使用制度，增强和保障农户权利。土地和矿产是农村最基本的自然资源，是农户谋求生计的物质基础。在我国，土地公有制是社会主义政治经济的基础和前提，其所有权制度不可撼动，其使用制度经历了集体经营到分包到户的历史变迁，然而，随着社会经济的发展，农村劳动力的外迁、耕地细碎化与低效经营、土地抛荒与生态退化等问题日益突出。鉴于土地资源是保障农户生计、降低风险和维持社会稳定的重要基础，在现行土地公有制前提下，为了保障农户权益的同时提高土地利用效率，建议"生态退耕+入市流转"双轨并行，即：对于补贴型农户撂荒的土地，在所有权不变的前提下，劣等地进一步退耕还林、还草，优等地流入市场。

我国《矿产资源法》规定："矿产资源属于国家所有，由国务院行使国家对矿产资源的所有权。地表或者地下的矿产资源的国家所有权，不因其所依附的土地的所有权或者使用权的不同而改变。……勘查、开采矿产资源必须依法分别申请，经批准取得探矿权、采矿权，并办理登记，……国家保护探矿权和采矿权不受侵犯……"。准格尔旗长滩村的实例表明，在实际开发过程中，采矿权往往被地方政府卖断给外来投资商，本地农户很少拥有股权及相应的收益权，缺乏对矿产开发活动的参与、决策，而投资商为了最大限度地实现快速经济回报，往往过度开发、忽视生态/环境效应，极大地损害了当地农户的生存发展权。地方政府采用的一次性征地补偿和生态补偿，往往造成食利阶层的出现，多数农户挥霍一空继而返贫，成为社会不安定因素。基于农户增权理论，本书认为应该完善矿产开发立法和权利分配制度，细化、增强农户的资产权利，提高农户参与矿产开发、决策和长期收益的权利，建立矿区农户生计长效保障机制，推动村域可持续发展，避免"资源诅咒"现象。

7.2.2 生态扶贫政策启示

准格尔旗案例说明，未来生态扶贫必须以有效激活农户自然资源利用为前提，既要做到生态友好也要做到经济有效，因地制宜同时兼顾生态效益和经济效益。

（1）改革农村产权制度，强化农民资产权利。在中国农村，现行集体所有制实际模糊化了农民产权，应通过农户增权界定清晰的自然资源产权，这是顺利推进退耕还林等生态建设工程的前提和基础。（2）建立地理品牌标志，提升土地资源价值。因地制宜挖掘地域特色资源，探索个性化的特色产业、建立国家地理标志、提供品牌化的优质生态产品，才能有效提升农村土地价值、振兴农村经济发展。（3）重视职业教育与技能培训，促进年轻农户代际转变。加强年轻农户的职业教育和技能培训，引导新生代农民生计转换。（4）建立生态产业的多方治理、利益共享制度。一套运行良好的综合管理制度是生态建设管护和后续产业经营的重要保障，也为农村减贫提供有效方法思路。创新多方利益联结新模式，将龙头企业（合作组织）与贫困户捆绑在一起，提高资金投入效果，调动贫困户参与产业扶贫的能动性。建立利益共同体，才能形成生态共同体。

7.2.3　乡村振兴政策启示

基于农户生计和地理环境耦合视角，乡村振兴战略必须在村域尺度下根据生计—环境关系的实际情况精细化操作、差别化实施，选择性地"权利振兴""人力振兴""产业振兴"和"环境振兴"。政府部门应推进农村开发管理的制度性改革，致力于优化农村区位条件、提高农户资源可获得性，改善乡村环境卫生。

在资源丰富村域，资源开发政策和管理制度尤为关键，乡村振兴应重点改革管理制度、振兴农民权利。在具有区位优势的城郊村，城镇转移和非农就业是农户最为明智和有利的生计选择，乡村振兴应重视农户人力资产的振兴，加强农户职业教育和技能培训。在偏远贫瘠或者污染严重的村域，宜选择生态修复与移民搬迁策略，乡村振兴应侧重环境振兴。而在我国大多数村域，资源环境承载力有限、发展停滞不前、内生动力不足，乡村振兴重点应在农村产业，除加强农户外部赋权和内部能力提升外，还应依靠政策外力重组农村资源、重构基层组织、挖潜乡村文化和完善基础设施，为农村产业振兴奠定基础。

7.3　创新点与不足

7.3.1　主要创新点

针对目前国内外农户生计研究存在的不足：①大多基于静态视角的截面比较，时序性不强，缺乏对农户生计模式的动态研究；②对农户生计选择的内外驱动因素分析不够系统全面；③有关农户生计与生态环境内在关系的研究多为大区域尺度，对其作用机制、耦合关系缺乏深入分析。本书的主要创新之处和特色体现在：

（1）动态视角。

基于动态过程视角，绘制农户生计模式演变的时间矩阵表和地理分布图，分析农户生计模式选择的时空演变过程、规律及其驱动因素，弥补了静态研究的不足，为地方政府更好地把脉准格尔旗农户生计问题提供科学依据。

（2）多尺度转换融合。

从农户尺度、村域尺度、县域尺度等多尺度着手，能更清晰地刻画和阐释农户生计转变规律、驱动机制及其与生态环境的耦合关系、作用机制。

（3）多方法综合集成。

充分借助归纳、演绎、假设法对农户生计转变驱动机制进行论证，综合集成地理学方法、系统分析法、社会学的参与式评估法、统计学的计量方法、"3S"技术等，构建模型，探索农户生计转变规律与作用机制，可进一步丰富可持续生计研究的数理方法。

7.3.2　主要贡献

（1）基于典型区域（准格尔旗）连续14年的农户调查，判别了农牧交错带农户主要生计类型，探讨了生计转变的过程和特征，可为同类生态环境脆弱区的农户生计研究提供参考借鉴。

（2）从国家政策、村域地理环境、农户资产禀赋，多尺度、多维度对农户生计变化驱动机制进行了较为系统的分析，丰富了可持续生计理论，为因地制宜、科学合理地引导农户生计转变乃至振兴农村发展提供科学依据。

7.3.3　不足之处

影响农户生计转变的政策较多，由于时间精力有限，本书不能对各项政策逐一展开定量分析，这些是后续需要加强研究探索的地方。

附录

附录1 2002年准格尔旗农户农牧系统能值分析

项　　目	原始数据	单位	数据来源
1. 太阳能			
耕地面积 =	1.03E+04	m^2	农户调查
公共草地面积 =	2.85E+05	m^2	农户调查
太阳辐射率 =	5.26E+09	$J/m^2/yr$	NREL, 2011
耕地反射率 =	20%		陈明等, 1999
草地反射率 =	12%		陈明等, 1999
能量 =	1.36E+15	J/yr	
能值转换率 (UEV) =	1		Odum et al., 2000
2. 风能			
土地总面积 =	2.95E+05	m^2	农户调查
年均风速 =	1.35	m/s	准格尔旗统计局, 2002
阻力系数 =	1.00E-03		Odum et al., 2000
空气密度 =	1.23	kg/m^3	Odum et al., 2000
能量 =	1.31E+11	J/yr	
能值转换率 (UEV) =	2.45E+03		Odum et al., 2000
3. 雨水化学能			
降雨量 =	0.375	m	准格尔旗统计局, 2002
吉布斯能 =	4.94	J/g	Odum, 1996
耕地蒸散率 =	0.541	m/yr	李玉霖等, 2002
草地蒸散率 =	0.39	m/yr	李春梅 & 高素华, 2004
总能量 =	2.16E+11	J/yr	
能值转换率 (UEV) =	3.06E+04		Odum et al., 2000
4. 雨水势能			
降雨量 =	0.375	m	准格尔旗统计局, 2002

续表

项　　目	原始数据	单位	数据来源
平均海拔 =	1101	m	实地考察
雨水产流率 =	10%		Gao et al., 2007
能量 =	1.19E+11	J/yr	
能值转换率（UEV）=	4.70E+04		Odum et al., 2000
5. 表层土损失（J）			
耕地土壤侵蚀率 =	2.87E+03	g/m²/yr	喻锋等，2014
公共草地土壤侵蚀率 =	1.39E+04	g/m²/yr	喻锋等，2014
耕地土壤有机质含量 =	1.71%		刘全友和童依平，2005
草地土壤有机质含量 =	2.36%		刘全友和童依平，2005
土壤有机质能量 =	5.4	kcal/g	Odum et al., 2000
表层土损失能量 =	2.13E+12	J/yr	
能值转换率（UEV）=	7.40E+04		Odum et al., 2000
6. 柴油			
柴油消耗量 =	18.88	kg	农户调查
柴油能量含量 =	4.50E+07	J/kg	Liu, 1982
能量 =	8.50E+08	J/yr	
能值转换率（UEV）=	1.06E+05		Odum et al., 2000
7. 氮肥，N			
年均使用量 =	1.74E+05	g/yr	农户调查
能值转换率（UEV）=	2.41E+10		Brandt-Williams., 2002
8. 磷肥，P			
年均使用量 =	3.37E+03	g/yr	农户调查
能值转换率（UEV）=	2.20E+10		Brandt-Williams., 2002
9. 钾肥，K			
年均使用量 =	3.26E+03	g/yr	农户调查
能值转换率（UEV）=	1.74E+09		Brandt-Williams., 2002
10. 复合肥			
年均使用量 =	7.72E+04	g/yr	农户调查
能值转换率（UEV）=	2.80E+09		蓝盛芳等，2002
11. 农药			

续表

项 目	原始数据	单位	数据来源
年均使用量 =	5.50E+02	g/yr	农户调查
能值转换率（UEV）=	1.48E+10		Brandt-Williams., 2002
12. 机械能			
机械能折旧 =	18.87	$/yr	农户调查
能值转换率（UEV）=	1.62E+13		张耀华等，2008
13. 种子			
年均使用量 =	3.37	kg	农户调查
种子能量含量 =	1.60E+07	J/kg	Liu, 1982
能量 =	5.39E+07	J/yr	
能值转换率（UEV）=	7.86E+4		Conhen et al., 2006
14. 玉米饲料			
年均使用量 =	0	g	农户调查
能值转换率（UEV）=	1.45E+10		Brandt-Williams., 2002
15. 劳力			
家庭劳动力 =	3.09	persons	农户调查
工日 =	300	days	农户调查
日均消耗能量 =	3000	kcal/day/person	农业技术经济手册，1984
能量 =	1.08E+10	J/yr	
能值转换率（UEV）=	3.80E+5		蓝盛芳等，2002

附录2 2007准格尔旗农户农牧系统能值分析

项 目	原始数据	单位	数据来源
1. 太阳能			
耕地面积 =	1.00E+04	m^2	农户调查
人工草地面积 =	5.47E+03	m^2	农户调查
太阳辐射率 =	5.26E+09	$J/m^2/yr$	NREL,2011
耕地反射率 =	20%		陈明等,1999
草地反射率 =	12%		陈明等,1999
能量 =	6.74E+13	J/yr	
能值转换率(UEV)=	1		Odum et al.,2000
2. 风能			
土地总面积 =	1.55E+04	m^2	农户调查
年均风速 =	2.3	m/s	准格尔旗统计局,2007
阻力系数 =	1.00E-03		Odum et al.,2000
空气密度 =	1.23	kg/m^3	Odum et al.,2000
能量 =	6.88E+09	J/yr	
能值转换率(UEV)=	2.45E+03		Odum et al.,2000
3. 雨水化学能			
降雨量 =	0.385	m	准格尔旗统计局,2007
吉布斯能 =	4.94	J/g	Odum,1996
耕地蒸散率 =	0.541	m/yr	李玉霖等,2002
草地蒸散率 =	0.39	m/yr	李春梅和高素华,2004
总能量 =	1.43E+10	J/yr	
能值转换率(UEV)=	3.06E+04		Odum et al.,2000
4. 雨水势能			
降雨量 =	0.385	m	准格尔旗统计局,2007

续表

项　　目	原始数据	单位	数据来源
平均海拔 =	1101	m	实地考察
雨水产流率 =	10%		Gao et al.，2007
能量 =	6.43E+09	J/yr	
能值转换率（UEV）=	4.70E+04		Odum et al.，2000
5. 表层土损失（J）			
耕地土壤侵蚀率 =	2.60E+03	g/m²/yr	喻锋等，2014
草地土壤侵蚀率 =	1.84E+03	g/m²/yr	喻锋等，2014
耕地土壤有机质含量 =	1.71%		刘全友和童依平，2005
草地土壤有机质含量 =	2.36%		刘全友和童依平，2005
土壤有机质能量 =	5.4	kcal/g	Odum et al.，2000
表层土损失能量 =	1.54E+10	J/yr	
能值转换率（UEV）=	7.40E+04		Odum et al.，2000
6. 柴油			
柴油消耗量 =	25.01	kg	农户调查
柴油能量含量 =	4.50E+07	J/kg	Liu，1982
能量 =	1.13E+09	J/yr	
能值转换率（UEV）=	1.06E+05		Odum et al.，2000
7. 氮肥，N			
年均使用量 =	3.56E+05	g/yr	农户调查
能值转换率（UEV）=	2.41E+10		Brandt‐Williams.，2002
8. 磷肥，P			
年均使用量 =	6.38E+03	g/yr	农户调查
能值转换率（UEV）=	2.20E+10		Brandt‐Williams.，2002
9. 钾肥．K			
年均使用量 =	3.88E+03	g/yr	农户调查
能值转换率（UEV）=	1.74E+09		Brandt‐Williams.，2002
10. 复合肥			
年均使用量 =	1.36E+05	g/yr	农户调查
能值转换率（UEV）=	2.80E+09		蓝盛芳等，2002
11. 农药			

续表

项目	原始数据	单位	数据来源
年均使用量 =	1.21E+03	g/yr	农户调查
能值转换率（UEV）=	1.48E+10		Brandt-Williams., 2002
12. 机械能			
机械能 =	34.33	$/yr	农户调查
能值转换率（UEV）=	1.21E+13		Jiang and Chen, 2006
13. 种子			
年均使用量 =	13.86	kg	农户调查
种子能量含量 =	1.60E+07	J/kg	Liu, 1982
能量 =	2.22E+08	J/yr	
能值转换率（UEV）=	7.86E+04		Brandt-Williams., 2002
14. 玉米饲料			
年均使用量 =	2.64E+05	g	农户调查
能值转换率（UEV）=	1.45E+10		Conhen et al., 2006
15. 劳力			
家庭劳动力 =	3.27	persons	农户调查
工日 =	300	days	农户调查
日均消耗能量 =	3000	kcal/day/person	农业技术经济手册, 1984
能量 =	1.15E+10	J/yr	
能值转换率（UEV）=	3.80E+5		蓝盛芳等, 2002

附录3 2014准格尔旗农户农牧系统能值分析

项　　目	原始数据	单位	数据来源
1. 太阳能			
耕地面积 =	7.67E+03	m^2	农户调查
人工草地面积 =	6.04E+03	m^2	农户调查
太阳辐射率 =	5.26E+09	$J/m^2/yr$	NREL, 2011
耕地反射率 =	20%		陈明等, 1999
草地反射率 =	12%		陈明等, 1999
能量 =	6.02E+13	J/yr	
能值转换率（UEV）=	1		Odum et al., 2000
2. 风能			
土地总面积 =	1.37E+04	m^2	农户调查
年均风速 =	1.5	m/s	准格尔旗统计局, 2014
阻力系数 =	1.00E-03		Odum et al., 2000
空气密度 =	1.23	kg/m^3	Odum et al., 2000
能量 =	6.09E+09	J/yr	
能值转换率（UEV）=	2.45E+03		Odum et al., 2000
3. 雨水化学能			
降雨量 =	0.402	m	准格尔旗统计局, 2014
吉布斯能 =	4.94	J/g	Odum, 1996
耕地蒸散率 =	0.541	m/yr	李玉霖等, 2002
草地蒸散率 =	0.39	m/yr	李春梅和高素华, 2004
总能量 =	1.29E+10	J/yr	
能值转换率（UEV）=	3.06E+04		Odum et al., 2000
4. 雨水势能			
降雨量 =	0.402	m	准格尔旗统计局, 2014
平均海拔 =	1101	m	实地考察

续表

项目	原始数据	单位	数据来源
雨水产流率 =	10%		Gao et al.，2007
能量 =	5.95E+09	J/yr	
能值转换率（UEV）=	4.70E+04		Odum et al.，2000
5. 表层土损失（J）			
耕地土壤侵蚀率 =	4.06E+03	g/m²/yr	喻锋等，2014
草地土壤侵蚀率 =	3.33E+03	g/m²/yr	喻锋等，2014
耕地土壤有机质含量 =	1.71%		刘全友和童依平，2005
草地土壤有机质含量 =	2.36%		刘全友和童依平，2005
土壤有机质能量 =	5.4	kcal/g	Odum et al.，2000
表层土损失能量 =	2.28E+10	J/yr	
能值转换率（UEV）=	7.40E+04		Odum et al.，2000
6. 柴油			
柴油消耗量 =	23.97	kg	农户调查
柴油能量含量 =	4.50E+07	J/kg	Liu，1982
能量 =	1.08E+09	J/yr	
能值转换率（UEV）=	1.06E+05		Odum et al.，2000
7. 氮肥，N			
年均使用量 =	3.51E+05	g/yr	农户调查
能值转换率（UEV）=	2.41E+10		Brandt-Williams.，2002
8. 磷肥，P			
年均使用量 =	2.66E+03	g/yr	农户调查
能值转换率（UEV）=	2.20E+10		Brandt-Williams.，2002
9. 钾肥，K			
年均使用量 =	3.19E+03	g/yr	农户调查
能值转换率（UEV）=	1.74E+09		Brandt-Williams.，2002
10. 复合肥			
年均使用量 =	1.18E+05	g/yr	农户调查
能值转换率（UEV）=	2.80E+09		蓝盛芳等，2002
11. 农药			
年均使用量 =	2.15E+03	g/yr	农户调查

续表

项 目	原始数据	单位	数据来源
能值转换率（UEV）=	1.48E+10		Brandt-Williams., 2002
12. 机械能			
机械能 =	75.10	$/yr	农户调查
能值转换率（UEV）=	5.86E+12		Dong et al, 2014
13. 种子			
年均使用量 =	26	kg	农户调查
种子能量含量 =	1.60E+07	J/kg	Liu, 1982
能量 =	4.16E+08	J/yr	
能值转换率（UEV）=	7.86E+4		Brandt-Williams., 2002
14. 玉米饲料			
年均使用量 =	1.64E+05	g	农户调查
能值转换率（UEV）=	1.45E+10		Conhen et al., 2006
15. 劳力			
家庭劳动力 =	1.80	persons	农户调查
工日 =	300	days	农户调查
日均消耗能量 =	3000	kcal/day/person	农业技术经济手册，1984
能量 =	6.31E+9	J/yr	
能值转换率（UEV）=	3.80E+5		蓝盛芳等，2002

附录4　准格尔旗农户生产生活调查表

调查人：时间 年月日　上（下）午时分；海拔：
镇（乡）村队（社）；GPS：N°′″E°′″

一、基本情况

1. 家庭人员情况　是否本村人：（1 是；2 否：原籍_____迁移时间_____）

	与户主关系 10 户主 20 配偶 31 长子女 32 次子女 40 父、母 60 其他	性别 1 男 2 女	年龄	民族	文化程度 1 文盲 2 小学 3 初中 4 高中、中专 5 大专及以上	婚姻状况 1 已婚 2 未婚 3 离婚 4 丧偶	职业 (请详细注明，如务农、打工、运输、开商店、老师等等)	打工地点 1 本县 2 外地	年打工时间（月）	社保 1 养老保险 2 医疗保险 3 其他
1										
2										
3										
4										
5										

汇总：总人口_____劳动力数量_____常年在家人口_____

二、农户农地资产与流转情况

1. 自有资产：

项目	耕地		园地	林地	草地			
	旱地	水浇地			天然草地	人工草地		
现有面积（亩）								
煤矿侵占（亩）								
煤矿征收（亩）								
征地费								
煤炭生活补贴								
污染费补贴								

其中，耕地：种植亩＝（自有亩－撂荒亩－煤矿侵占亩）+（转入亩－转出亩）；退耕亩；草地质量（很好　较好　一般　较差）；家中煤矿上班人/年。

2. 是否有土地流转行为：A 转入，用途　B 转出

（1）流转地类：耕地（水浇地亩，旱地亩），果园亩，林地亩，草地亩

（2）流转方式：①租赁　②托管　③转包　④置换　⑤入股　⑥反包　⑦转让

（3）流转支付/所得：①现金元/(亩·年)　②粮食　③其他（如就业机会）

（4）流转形式：①纸质协议　②口头协议　③其他

（5）流转年限：年

（6）流转对象：①本地农户　②外地农户　③公司　④亲属　⑤其他

（7）促使您流转原因：

三、农户生产情况

1. 种植业生产情况

项目	玉米		糜子	高粱	土豆	豆类	果蔬	苜蓿、青贮玉米
	旱地	水浇地						
面积（亩）								
地块类型								
投入（元/亩）								
亩产（Kg/亩）								
单价（元/斤）								
备注	地块类型：①墚地；②塔地；③河滩地　④大棚							

拥有大棚＿个，共＿亩；（A 自建，B 承包）＿元/个，

大棚种植年毛收入＿元，年纯收入＿元；相对于一般耕地增收＿元/亩.年

目前土地经营中最缺乏的是 1 技术　2 资金　3 耕地　4 劳动力　5 销售渠道　6 其他

2. 牧业情况

项目	羊		牛			猪	驴	鹿	家禽
	山羊	绵羊	奶牛	肉牛	耕牛				
数量（头）									

四、农户家庭收支情况

1. 农户家庭收入情况

林业收入	农业收入	牧业收入	经商收入	副业收入	务工收入	工资收入	退耕补贴	养老补贴	土地分红或租金	煤炭补贴

2. 农户家庭支出情况（元）

年总开支	农业开支	牧业开支	生活开支	教育开支	医药卫生费	礼尚往来	其他

总结：农户家庭年纯收入情况 1．＜3000 元　2．3000～5000 元　3．5000～1 万元　4．1 万～2 万元　5．＞2 万元以上

3．您家经济情况在本地属于(1．上；2．中；3．下）水平；获得贷款的机会获得借款的机会（1．难；2．一般；3．易）

4．具体农业开支：

化肥（元/年）						农药（元/年）	塑料薄膜（元/年）	灌溉水电费用（元/年）
磷肥	复合肥	碳铵	二铵	尿素	合计			
农家肥	专用肥					劳动力（工日/年）	种子（元/年）	农机投入（小时/年）

5. 具体牧业开支

年总开支	育种/买种	草/饲料	医药	聘请人工	圈舍维修	其他

6．生活情况：生活能源 1．煤炭，2．天然气，3．柴薪，4．其他；生活用水来源；生产用水来源，地下水埋深：米

附录5 准格尔旗年农户生计专项调查表（编号：）

一、生计资产

1. 物质资产

生活资产：家电（彩电电脑冰箱空调洗衣机）

交通（汽车摩托车）通讯（手机座机）其他

生产资产：A 拖拉机（三轮） B 铡草机 C 割草机 D 脱粒机
　　　　　　E 犁 F 其他

住房资产：占地面积 m^2，建筑基底面积 m^2，楼层，

房屋结构：（A 砖混 B 砖木 C 土木）；装修：（A 好，B 中，C 差）

2. 社会资产

关系较好的亲戚朋友户数：家中是否有公职人员：（A 有 B 无）

邻里关系：A 频繁来往 B 一般来往 C 较少来往

是否参与过投票：（A 是 B 否）

二、农户生计认知情况

1. 近5年来面临的生计风险有：

土地退化	环境污染	干旱	降雨	病虫灾害	暴风雪/冰雹	市场波动	失业	生病

2. 生活满意度：A 很满意 B 满意 C 一般 D 不满意 E 很不满意

3. 生活压力有：

就业机会	缺资金	缺文化技术	医疗问题	子女教育	子女就业	子女结婚	农资价高，农产品价低	耕地不够用	暂无压力	其他

4. 您认为您需要哪方面的帮助（多选）：

A 技术和培训　B 农村致富信息　C 提供贷款资金　D 救济

E 加大农村投入（注：医疗卫生、交通条件、农田水利、文化教育）

F 其他

三、环境认知与退耕还林意愿

1. 对退耕还林还草的态度：(A 赞成　B 反对　C 无所谓)；建议：

2. 对禁牧的态度：(A 赞成　B 反对　C 无所谓)；建议：

3. 对圈养牲畜的态度：(A 赞成　B 反对　C 无所谓)；建议：

4. 您认为准格尔旗现在防风固沙（　　）、水土肥沃程度（　　）、水土污染（　　）、空气质量（　　）、整体生态环境（　　）：

1 非常好　2 较好　3 一般　4 较差　5 很差

四、农户生计调整意愿

1. 您是否愿意：

种植/养殖新品种	引进新技术	专业规模化种植/养殖	加大生产投入	开辟其他谋生途径？	其他	

2. 农户生计风险假设试验选择。

生计项目	A 选项收入	B 选项收入	您的选择
1	2.0 万元	2 万元或 0	—
2	1.5 万元	2 万元或 0	(A, B)
3	1.2 万元	2 万元或 0	(A, B)
4	1.0 万元	2 万元或 0	(A, B)
5	0.8 万元	2 万元或 0	(A, B)
6	0.6 万元	2 万元或 0	(A, B)
7	0.4 万元	2 万元或 0	(A, B)
8	0.2 万元	2 万元或 0	(A, B)

附录6 农牧业生产消费调查表（编号：）

一、种植业生产情况

（1）种植业产出与消费。

	玉米		糜子	高粱	土豆	豆类	苜蓿	
	玉米	青贮						
地类								
面积（亩）								
产量（kg）								
秸秆（kg）								
自食（kg）								
喂牲口（kg）								
转卖（kg）								
买种（kg）								

（2）种植业投入。

化肥（kg）					农药（g）	塑料薄膜（kg）	电力（KW·h）
磷肥	复合肥	碳铵	二铵	尿素			
农家肥（吨）	柴油（升）				畜力	劳动力（工日/年）	种子（元/年）	农机投入（小时/年）

二、牧业生产情况

	羊	猪	牛	马	驴	
数量						
投入：						
玉米（kg）						
土豆（kg）						
秸秆（kg）						
饲料（kg）						
放牧天数						
劳动力（工/年）						
产出：						
产肉量（斤/只）						
毛						
皮						
粪肥						
消费：自食						
转卖						
剩余						

圈舍维修：_____元；圈舍面积：_____平方米

附录7

图1 准格尔旗水土流失后大面积砒砂岩裸露

图2 禁牧围封后准格尔旗草地恢复良好

图3　准格尔旗农户圈养舍饲与购买饲草料

图4　作者在准格尔旗调研

参 考 文 献

[1]《准格尔旗志》编纂委员会. 准格尔旗志 [M]. 呼和浩特：内蒙古人民出版社, 1993.

[2] 百度百科. http：//baike. baidu. com/link？url = 35FY42uKM61Hlu9QX5i75o7FZKPEZM02Cqg – jLzIrQOqKuSRixNirMWF – 4tAAul7kCanHnBb7LtUE5JlqY _ rGq56i8adMdEvOcY – n5MN6wXbSl2 _ oqfLy3a28fE6n9hL # 3 _ 2, 2015.

[3] 蔡立旺. 农户决策影响因素的实证研究 [D]. 中国农业大学, 2004.

[4] 曹洪华. 生态文明视角下流域生态——经济系统耦合模式研究 [D]. 东北师范大学, 2014.

[5] 曹洪民. 扶贫互助社：农村扶贫的重要制度创新——四川省仪陇县"搞好扶贫开发，构建社会主义和谐社会"试点案例分析 [J]. 中国农村经济, 2007 (9)：72 – 76.

[6] 陈明, 季劲均, R. W. A. Hutjes. 沙漠化对内蒙地区水热通量及降水影响的数值研究 [J]. 干旱区研究, 1999, 16 (4)：43 – 48.

[7] 陈叙图, 金筱霆, 苏杨. 法国国家公园体制改革的动因、经验及启示 [J]. 环境保护, 2017 (19)：56 – 63.

[8] 程序. 农牧交错带研究中的现代生态学前沿问题 [J]. 资源科学, 1999, 21 (5)：1 – 9.

[9] 党国英. 中国农村改革与发展模式的转变——中国农村改革 30 年回顾与展望 [J]. 社会科学战线, 2008 (2)：8 – 24.

[10] 道日娜, 赛西雅拉图, 包桂兰, 张黎英. 退牧还草以来准格尔旗西部沟源与矿区草地生态恢复研究 [J]. 草原与草业, 2013, 25 (4)：30 – 35.

[11] 邓大才. 农民行动单位：集体、农户与个人——兼论当代中国农民行动单位演变轨迹 [J]. 天津社会科学, 2008 (5): 65-69.

[12] 邓正来. 中国经济：农村改革与农业发展 [M]. 上海：上海人民出版社, 2011.

[13] 董进智. 关于实施乡村振兴战略的思考 [J]. 农村工作通讯, 2017 (22).

[14] 董孝斌, 高旺盛. 关于系统耦合理论的探讨 [J]. 中国农学通报, 2005, 21 (1): 290-292.

[15] 段华平, 孙勤芳, 王梁, 朱琳, 冯金飞, 卞新民. 常熟市农业和农村污染的优先控制区域识别 [J]. 环境科学, 2010, 31 (4): 911-917.

[16] 冯利盈, 李金香, 王雅俊. 生态移民工程对农户生计资产的影响 [J]. 农业科学研究, 2015 (4): 78-83.

[17] 冯茹. 我国农户生计可持续能力评价研究 [D]. 大连理工大学, 2015.

[18] 谷雨, 王青. 新时期不同类型农户生计脆弱性研究——以重庆市合川区为例 [J]. 湖北农业科学, 2013, 52 (7): 1715-1720.

[19] 郭欢欢, 李波, 于海跃等. 退耕还林工程对农户生产生活影响研究 [J]. 中国人口资源与环境, 2011, 21 (12): 110-114.

[20] 国家林业局. http://www.forestry.gov.cn/main/435/content-31549.html.

[21] 国家统计局. 中国统计年鉴. 中国国家统计局. http://www.stats.gov.cn/tjsj/ndsj/2015/indexch.htm, 2015.

[22] 韩建国, 孙启忠, 马春晖. 农牧交错带农牧业可持续发展技术 [M]. 北京：化学工业出版社, 2004.

[23] 何仁伟, 刘邵权, 陈国阶, 谢芳婷, 杨晓佳, 梁岚. 中国农户可持续生计研究进展及趋向 [J]. 地理科学进展, 2013, 32 (4): 657-670.

[24] 贺爱琳, 杨新军, 陈佳等. 乡村旅游发展对农户生计的影响——以秦岭北麓乡村旅游地为例 [J]. 经济地理, 2014, 34 (12): 174-181.

[25] 侯玉峰. "公司+牧户" 模式对牧民可持续生计的影响 [D]. 中国农业大学, 2006.

[26] 黄国勇, 张敏, 夏咏, 等. 新疆边境贫困县自然地理环境影响

因素实证分析 [J]. 干旱区地理（汉文版），2015，38（4）：814-820.

[27] 黄剑坚，王保前. 我国系统耦合理论和耦合系统在生态系统中的研究进展 [J]. 防护林科技，2012（5）：7-61.

[28] 黄宗智. 中国乡村研究 [M]. 北京：社会科学文献出版社，2005.

[29] 贾驰. 农业国际化背景下农户生产效率研究 [D]. 浙江大学，2012.

[30] 贾卫国. 我国退耕还林政策持续性研究 [D]. 南京林业大学，2005.

[31] 蓝盛芳，钦佩，陆宏芳. 生态经济系统能值分析 [J]. 2002，18（18）：40-41.

[32] 蓝盛芳，钦佩. 生态系统的能值分析 [J]. 应用生态学报，2001，12（1）：129-131.

[33] 李斌，李小云，左停. 村发展中的生计途径研究与实践 [J]. 农业技术经济，2004（4），10-16.

[34] 李波，赵海霞，郭卫华，刘辉，张新时. 退耕还林（草）、封山禁牧对传统农牧业的冲击与对策——以北方农牧交错带的皇甫川流域为例 [J]. 地域研究与开发，2004，23（5）：97-101.

[35] 李博，左停. 农村就地城镇化过程中农民生计方式转型研究——基于北京市大兴区的调查 [J]. 农业部管理干部学院学报，2015（3）.

[36] 李春梅，高素华. 我国北方半干旱区草地水分供需状况研究 [J]. 干旱区研究，2004，21（4）：338-342.

[37] 李芬，张林波，陈利军. 三江源区生态移民生计转型与路径探索——以黄南藏族自治州泽库县为例 [J]. 农村经济，2014（11）：53-57.

[38] 李君，吕火明，梁康康，张龙江. 基于乡镇管理者视角的农村环境综合整治政策实践分析——来自全国部分省（区、市）195个乡镇的调查数据 [J]. 中国农村经济，2011（2）：74-82.

[39] 李树茁，梁义成，MARCUS，FELDMAN，GRETCHEN，C. DAILY. 退耕还林政策对农户生计的影响研究——基于家庭结构视角的可持续生计分析 [J]. 公共管理学报，2010，7（2）：1-10.

[40] 李双成，许月卿，傅小锋. 基于gis和ann的中国区域贫困化空

间模拟分析［J］.资源科学，2005，27（4）.

［41］李小建.农户地理论［M］.北京：科学出版社，2009.

［42］李晓梅.六部委出台《生态扶贫工作方案》力争到2020年带动约1500万贫困人口增收［J］.国土绿化，2018（2）.

［43］李玉霖，张铜会，崔建垣.科尔沁沙地农田玉米耗水规律研究［J］.中国沙漠，2002，22（4）：354-358.

［44］李裕瑞，刘彦随，龙花楼，等.大城市郊区村域转型发展的资源环境效应与优化调控研究——以北京市顺义区北村为例［J］.地理学报，2013，68（6）：825-838.

［45］梁义成，李树茁，李聪.基于多元概率单位模型的农户多样化生计策略分析［J］.统计与决策，2011（15）：63-67.

［46］刘承良，段德忠，余瑞林等.武汉城市圈社会经济与资源环境系统耦合作用的时空结构［J］.中国人口资源与环境，2014，24（5）：145-152.

［47］刘洪来，王艺萌，窦潇，徐敏云，王堃.农牧交错带研究进展.生态学报［J］.2009，29（8）：4420-4425.

［48］刘洪来，张卫华，王堃等.华北农牧交错带农田——草地界面土壤水分影响域分析［J］.应用生态学报，2009，3（20）：659-664.

［49］刘进，甘淑，吕杰，闫海青，袁欣婷，刘晨晨等.基于gis和ann的农户生计脆弱性的空间模拟分析［J］.山地学报，2012（5）：622-627.

［50］刘全友，童依平.北方农牧交错带土地利用类型对土壤养分分布的影响［J］.应用生态学报，2005，16（10）：1849-1852.

［51］刘小鹏，苏晓芳，王亚娟，赵莹，黄越.空间贫困研究及其对我国贫困地理研究的启示［J］.干旱区地理，2014，37（1）：144-152.

［52］刘彦随，周扬，刘继来.中国农村贫困化地域分异特征及其精准扶贫策略［J］.中国科学院院刊，2016（3）：269-278.

［53］刘玉，刘毅.中国区域可持续发展评价指标体系及态势分析［J］.中国软科学，2003（7）：113-118.

［54］陆大道.关于地理学的"人—地系统"理论研究［J］.地理研究，2002，21（2）：135-145.

［55］蒙吉军，艾木入拉，刘洋，向芸芸.农牧户可持续生计资产与生计策略的关系研究——以鄂尔多斯市乌审旗为例［J］.北京大学学报

(自然科学版)，2013（49）：321-328.

[56] 纳列什·辛格，乔纳森·吉尔曼，祝东力. 让生计可持续［J］. 国际社会科学杂志，2000（4）：123-129.

[57] 牛文元. 可持续发展理论的内涵认知——纪念联合国里约环发大会20周年［J］. 中国人口资源与环境，2012，22（5）：9-14.

[58] 农业技术经济手册. 农业技术经济手册［M］. 北京：农业出版社，1984.

[59] 蒲春玲，马瑛，薛曜祖，祖力菲娅·买买提，帕尔哈提·哈斯木，孟梅. 新疆南部地区棉农生计变化影响因素分析——基于阿克苏地区阿瓦提县400户棉农的调查数据［J］. 技术经济与管理研究，2011（4）：22-25.

[60] 恰亚诺夫. 农民经济组织［M］. 北京：中央编译出版社，1996.

[61] 曲玮，涂勤，牛叔文等. 自然地理环境的贫困效应检验——自然地理条件对农村贫困影响的实证分析［J］. 中国农村经济，2012（2）：21-34.

[62] 曲玮，涂勤，牛叔文. 贫困与地理环境关系的相关研究述评［J］. 甘肃社会科学，2010（1）：103-106.

[63] 任继周，葛文华，张自和. 草地畜牧业的出路在于建立草业系统［J］. 草业科学，1989（5）：1-3.

[64] 任继周，贺达汉，王宁等. 荒漠—绿洲草地农业系统的耦合与模型［J］. 草业学报，1995（2）：11-19.

[65] 任继周，万长贵. 系统耦合与荒漠—绿洲草地农业系统——以祁连山—临泽剖面为例［J］. 草业学报，1994（3）.

[66] 尚前浪. 民族地区乡村旅游发展对农户生计模式影响研究. 中国管理信息化［J］. 2015，18（23）：220-222.

[67] 沈茂英，杨萍. 生态扶贫内涵及其运行模式研究［J］. 农村经济，2016（7）：3-8.

[68] 宋岩. 中共中央国务院关于实施乡村振兴战略的意见. 2018. 新华社，2018.02.14. http://www.gov.cn/zhengce/2018-02/04/content_5263807.htm.

[69] 苏芳，尚海洋. 农户生计资产对其风险应对策略的影响——以黑河流域张掖市为例［J］. 中国农村经济，2012（8）：79-87.

[70] 苏芳，徐中民，尚海洋. 可持续生计分析研究综述［J］. 地球科

学进展,2009,24(1):61-69.

[71] 苏飞,马莉莎,庞凌峰,赵秀芳,潘云新.杭州市农民工生计脆弱性特征与对策[J].地理科学进展,2013,32(3):71-81.

[72] 苏红巧,苏杨,王宇飞.法国国家公园体制改革镜鉴[J].中国经济报告,2018(1):68-71.

[73] 苏磊,付少平.农户生计方式对农村生态的影响及其协调策略——以陕北黄土高原为个案[J].湖南农业大学学报(社会科学版),2011,12(3):47-54.

[74] 孙贵艳,王传胜,肖磊,刘毅.黄土高原地区宁夏西吉县乡村聚落空间变化及其影响因素[J].中国科学院大学学报,2015,32(5):612-619.

[75] 孙贵艳.西部典型贫困地区农户生计变化及相关效应研究——以甘肃秦巴山区为例[J].中国科学院大学博士学位论文,2016.

[76] 汤青,徐勇,李扬.黄土高原农户可持续生计评估及未来生计策略——基于陕西延安市和宁夏固原市1076户农户调查[J].地理科学进展,2013,32(2):19-27.

[77] 万里强,侯向阳,任继周.系统耦合理论在我国草地农业系统应用的研究[J].中国生态农业学报,2004(1):162-164.

[78] 王成超,杨玉盛.基于农户生计策略的土地利用/覆被变化效应综述[J].地理科学进展,2012,31(6):792-798.

[79] 王成超.农户生计行为变迁的生态效应研究——基于社区增权理论的案例研究[J].中国农学通报,2010,26(18):315-319.

[80] 王平达.农业可持续发展和农户经济行为[D].东北农业大学,2000.

[81] 王新歌,席建超.大连金石滩旅游度假区当地居民生计转型研究[J].资源科学,2015,37(12):2404-2413.

[82] 王鑫林.农村空心化背景下的土地撂荒现象及治理探讨[D].西南财经大学,2013.

[83] 魏晋,李娟,冉瑞平,王琛,邓良基.中国农村环境污染防治研究综述[J].生态环境学报,2010,19(9):2253-2259.

[84] 魏雯,徐柱,师尚礼,等.基于参与式方法的农牧户生计现状评估——以内蒙古太仆寺旗为例[J].应用生态学报,2011,22(10):

2686-2692.

[85] 吴芳, 翟石艳, 赵丹丹. 气候变化对中国重要产粮区农民生计影响——以河南省为例 [J]. 中国农学通报, 2015, 31 (35): 217-223.

[86] 伍光, 蔡龙运. 综合自然地理学 [M]. 高等教育出版社, 2004.

[87] 西奥多·舒尔茨. 改造传统农业 [M]. 北京: 商务印书馆, 2006.

[88] 向楠, 叶慧, 罗琦珊. 武陵山区贫困农户生计资产评估及政府对策探究——以湖南省桑植县沙塔坪乡为例 [J]. 安徽农业科学, 2015 (8): 303-305.

[89] 肖文海, 邵慧琳. 建立健全生态产品价值实现机制 [J]. 中国社会科学报, 2018-5-29.

[90] 谢东梅. 农户生计资产量化分析方法的应用与验证——基于福建省农村最低生活保障目标家庭瞄准效率的调研数据 [J]. 技术经济, 2009, 28 (9): 43-49.

[91] 谢旭轩, 张世秋, 朱山涛, 吴丹, 陶文娣, 翟国良, 艾春艳, 岳鹏. 退耕还林对西部贫困山区农户收入及可持续生计影响分析. 环境优化发展: 从边缘走向主流——环境与自然资源经济学研讨会论文集 [C] 2010, 46 (3): 89-96.

[92] 谢旭轩, 张世秋, 朱山涛. 退耕还林对农户可持续生计的影响 [J]. 北京大学学报 (自然科学版), 2010, 46 (3): 457-464.

[93] 徐建英, 柳文华, 常静, 马礼. 基于农户响应的北方农牧交错带生态改善策略 [J]. 生态学报, 2010, 30 (22): 6126-6134.

[94] 徐洁. 农村闲置土地的界定及驱动因素分析 [D]. 湖南农业大学, 2014.

[95] 徐晋涛, 陶然, 徐志刚. 退耕还林: 成本有效性、结构调整效应与经济可持续性——基于西部三省农户调查的实证分析 [J]. 经济学: 季刊, 2004, 4 (1): 139-162.

[96] 徐鹏, 徐明凯, 杜漪. 农户可持续生计资产的整合与应用研究——基于西部10县 (区) 农户可持续生计资产状况的实证分析 [J]. 农村经济, 2008 (12): 89-93.

[97] 阎建忠, 吴莹莹, 张镱锂, 等. 青藏高原东部样带农牧民生计

的多样化 [J]. 地理学报, 2009, 64 (2): 221-233.

[98] 阎建忠, 喻鸥, 吴莹莹, 张镱锂. 青藏高原东部样带农牧民生计脆弱性评估 [J]. 地理科学, 2011, 27 (7): 858-867.

[99] 杨皓, 王伟, 朱永明, 等. 退耕还林对农户可持续生计的影响——河北省以保定市涞水县为例 [J]. 水土保持通报, 2015, 35 (4): 263-267.

[100] 杨培涛. 牧民生计资产与生计策略的关系研究 [D]. (Doctoral dissertation, 西北师范大学), 2009.

[101] 杨晓光, 王传胜, 盛科荣. 基于自然和人文因素的中国欠发达地区类型划分和发展模式研究 [J]. 中国科学院大学学报, 2006, 23 (1): 97-104.

[102] 杨重光, 吴次芳. 中国土地使用制度改革十年 [M]. 北京: 中国大地出版社, 1996.

[103] 喻锋, 李晓兵, 王宏, 余弘婧. 皇甫川流域土地利用变化与生态安全评价 [J]. 地理学报, 2006, 61 (6): 645-653.

[104] 喻锋, 李晓兵, 王宏. 生态安全条件下土地利用格局优化——以皇甫川流域为例 [J]. 生态学报, 2014, 34 (12): 3198-3210.

[105] 张建杰. 农户收入结构变迁及其成因研究——基于山西省跟踪观察户的实证 [D]. 浙江大学, 2004.

[106] 张钦, 赵雪雁, 王亚茹, 等. 气候变化对石羊河流域农户生计资产的影响 [J]. 中国沙漠, 2016, 36 (3): 814-822.

[107] 张耀华, 赵先贵, 肖玲. 基于能值理论的内蒙古生态经济系统综合研究 [J]. 干旱区资源与环境, 2008, 22 (12): 40-46.

[108] 赵哈林, 赵学勇, 张铜会. 北方农牧交错带的地理界定及其生态问题 [J]. 地球科学进展, 2002 (17): 5, 739-748.

[109] 赵靖伟. 农户生计安全问题研究 [D]. 西北农林科技大学, 2011.

[110] 赵松乔. 察北、察盟及锡盟——一个农牧过渡地区的经济地理调查 [J]. 地理学报, 1953 (1): 43-60.

[111] 赵雪雁, 赵海莉, 刘春芳. 石羊河下游农户的生计风险及应对策略——以民勤绿洲区为例 [J]. 地理研究, 2015, 34 (5): 922-932.

[112] 赵雪雁. 不同生计方式农户的环境感知——以甘南高原为例 [M]. 生态学报, 2012, 32 (21): 6776-6787.

[113] 赵雪雁. 不同生计方式农户的环境影响——以甘南高原为例 [J]. 地理科学, 2013, 33 (5): 545-552.

[114] 周平, 蒙吉军. 鄂尔多斯市1988—2000年土壤水力侵蚀与土地利用时空变化关系 [J]. 自然资源学报, 2009 (10): 1706-1717.

[115] 准格尔旗统计局 (2002-2015). 准格尔旗统计年鉴 (2002-2015) [M]. 呼和浩特: 内蒙古人民出版社.

[116] 准格尔旗政府. 准格尔旗年鉴 [M]. 呼和浩特: 内蒙古人民出版社, 1992.

[117] 左停, 王智杰. 穷人生计策略变迁理论及其对转型期中国反贫困之启示 [J]. 贵州社会科学, 2011 (9): 54-59.

[118] Agostinho, F., Ambrósio, L. A., Ortega, E. (2010). Assessment of a large watershed in Brazil using Emergy Evaluation and Geographical Information System. Ecol. Modelling 221, 1209-1220.

[119] Alemu, Z. G. (2012). Livelihood strategies in rural South Africa: implications for poverty reduction. In: 2012 Conference, August 18-24, Foz do Iguacu, Brazil 125411. International Association of Agricultural Economists.

[120] Amarasinghe, U., Samad, M., & Anputhas, M. (2005). Spatial clustering of rural poverty and food insecurity in Sri Lanka. Food Policy, 30 (5-6), 493-509.

[121] Ansoms, A., McKay, A. (2010). A quantitative analysis of poverty and livelihood profiles: The case of rural Rwanda. Food Policy 35, 584-598.

[122] Arunachalam, R., & Shenoy, A. (2017). Poverty traps, convergence, and the dynamics of household income. Journal of Development Economics, 126, 215-230.

[123] Ashley, C. (2000). Applying Livelihood Approaches to Natural Resource Management Initiatives: Experiences in Namibia and Kenya. ODI Working Paper 134. London: Overseas Development Institute.

[124] Babulo, B., Muys, B., Nega, F., Tollens, E., Nyssen, J., Deckers, J., Mathijs, E. (2008). Household livelihood strategies and forest

dependence in the highlandsof Tigray, Northern Ethiopia. Agricultural Systems 98, 147 – 155.

［125］Babulo, B., Muys, B., Nega, F., Tollens, E., Nyssen, J., Deckers, J., Mathijs, E. (2009). The economic contribution of forest resource use to rural livelihoods in Tigray, Northern Ethiopia. Forest Policy and Economics11, 109 – 117.

［126］Baird, T. D., & Leslie, P. W. (2013). Conservation as disturbance: upheaval and livelihood diversification near tarangire national park, northern Tanzania. Global Environmental Change, 23 (5), 1131 – 1141.

［127］Banchirigah, S. M., & Hilson, G. (2010). De – agrarianization, re – agrarianization and local economic development: re – orientating livelihoods in African artisanal mining communities. Policy Sciences43 (2), 157 – 180.

［128］Barrett C. B., Reardon T. A. (2000). Asset, activity, and income diversification among African agriculturalists: some practical issues. Working Paper Series. United States: SSRN.

［129］Barrett, C. B., Bezuneh, M., & Aboud, A. (2001 a). Income diversification, poverty traps and policy shocks in coˆte d'Ivoire and Kenya. Food Policy, 26 (4), 367 – 384. http://dx.doi.org/10.1016/S0306 – 9192 (01) 00017 – 3.

［130］Barrett, C. B., Reardon, T. A., and Webb, P. (2001 b). Non – farm income diversification and household livelihood strategies in rural Africa: concepts, dynamics, and policy implications. Food Policy, 26, 315 – 331.

［131］Baumgartner R., Hogger (Eds.) R. (2004). In Search of Sustainable Livelihood Systems. London, Thousand Oaks: Sage Publications Ltd., New Delhi.

［132］Bebbington A. (1999). Capitals and Capabilities: A Framework for Analyzing Peasant Viability, Rural Livelihoods and Poverty. World Development, 27 (12): 2021 – 2044.

［133］Bennett, M. T. (2008). China's sloping land conversion program: Institutional innovation or business as usual? Ecological Economics, 65, 699 – 711. https://doi.org/10.1016/j.ecolecon.2007.09.017.

[134] Bhandari, P. B. (2013). Rural livelihood change? Household capital, community resources and livelihood transition. Journal of Rural Studies 32 (4), 126 – 136.

[135] Block, S., Webb, P. (2001). The dynamics of livelihood diversification in post – famine Ethiopia. Food Policy26, 333 – 335.

[136] Brandt – Williams, S. L. (2002). Handbook of Emergy Evaluation: A Compendium of Data for emergy Computation Issued in a Series of Folios. Folio 4. Emergy of Florida Agriculture. Center for Environmental Policy, University of Florida, Gainesville, FL, USA.

[137] Brown, M. T., Martinez, A., Uche, J. (2010). Emergy analysis applied to the estimation of the recovery of costs for water services under the European Water Framework Directive. Ecol. Modelling 221, 2123 – 2132.

[138] Bryan B. A., Gao L., Ye Y. Q. (2018). China's response to a national land – system sustainability emergency. Nature, 559, 193 – 204.

[139] Campbell R., Knowles T. (2011). The economic impacts of losing livestock in a disaster. Report for the World Society for the Protection of Animals (WSPA). Economists at large, Melbourne, Australia.

[140] Carney. (1998). Sustainable rural livelihoods: what contribution can we make?. London: Department for International Development.

[141] Carter M R., May J. (1999). Poverty, livelihood and class in rural South Africa. World Development, 27 (1): 1 – 20.

[142] Cartier, L. E., & Burge, M. (2011). Agriculture and artisanal gold mining in Sierra Leone: Alternatives or complements?. Journal of International Development 23 (8), 1080 – 1099.

[143] Chambers, R. (1986). Sustainable Livelihoods: An Opportunity for the World Commission on Environment and Development. Institute of Development Studies, University of Sussex, Brighton, England.

[144] Chambers, R., & Conway, G. R. (1992). Sustainable rural livelihoods: practical concepts for the 21st century. IDS Discussion Paper No. 296. Brighton, Institute of Development Studies, 296.

[145] Chang, H. S. (1997). Coking coal procurement policies of the Japa-

nese steel mills: Changes and implications. Resources Policy, 23 (3), 125 – 135.

[146] Chapin, S. F., Folke, C., Kofinas, G. (2009). A framework for understanding change. In: Chapin, S. F., Kofinas, G., Folke, C. (Eds.), Principles of Ecosystem Stewardship. Resilience – based Natural Resource Management in a Changing World. Springer, pp. 3 – 28.

[147] Chen, H., Zhu, T., Krott, M., Calvo, J. F., Ganesh, S. P., & Makoto, I. (2013). Measurement and evaluation of livelihood assets in sustainable forest commons governance. Land Use Policy, 30 (1), 908 – 914.

[148] Chinwe Ifejika Speranza, Urs Wiesmann, & Stephan Rist. (2014). An indicator framework for assessing livelihood resilience in the context of social – ecological dynamics. Global Environmental Change, 109 – 119.

[149] Cobbinah, P. B., Gaisie, E., & Owusu – Amponsah, L. (2015). Peri – urban morphology and indigenous livelihoods in Ghana. Habitat International 50, 120 – 129.

[150] Cohen, M. J., Brown, M. T., Shepherd, K. D. (2006). Estimating the environmental costs of soil erosion at multiple scales in Kenya using emergy synthesis. Agriculture, Ecosystems and Environment 114, 249 – 269.

[151] Collier P. (1998). Social Capital and Poverty. Washington DC: World Bank, Environmental and Socially Sustainable Development Network.

[152] Cooper, S. J., & Wheeler, T. (2015). Adaptive governance: livelihood innovation for climate resilience in Uganda. Geoforum, 65, 96 – 107.

[153] Dao, T. N., & Edenhofer, O. (2014). On the fiscal strategies of escaping poverty – environment traps (and) towards sustainable growth. Cesifo Working Paper, 55.

[154] Deborah, S. P., Cristiana, S. S., Fikret, B. (2015). Looking back and looking forward: Exploring livelihood change and resilience building in a Brazilian coastal community. Ocean & Coastal Management 113, 29 – 37.

[155] Deininger, K. W. (2003). Land policies for growth and poverty reduction. A Word Bank Policy Research Report. World Bank Publications.

[156] Deng, X. (2018). Study on the connotation, symbol and realization path of the transformation from "Happy Farmhouse" to "rural tourism" —

Taking Guizhou as an example. Ecological Economy Review (1), 262 – 287.

[157] DFID. (2000). Sustainable livelihoods guidance sheets. London: Department for International Development.

[158] Dhakal, B., Bigsby, H., Cullen, R. (2011). Forests for food security and livelihood sustainability: policy problems andopportunities for small farmers in Nepal. Journal of Sustainable Agriculture35, 86 – 115.

[159] Dong X. B., Yu B. H., Brown M. T., Zhang Y. S., Kang M. Y., Jin Y., Zhang X. S., Ulgiati S. (2014). Environmental and economic consequences of the overexploitation of natural capital and ecosystem services in Xilinguole League, China. Energy Policy, 67: 767 – 780.

[160] Dong, X., Dai, G., Ulgiati, S., Na, R., Zhang, X., & Kang, M., et al. (2015). On the relationship between economic development, environmental integrity and well – being: the point of view of herdsmen in northern china grassland. Plos One, 10 (9), e0134786.

[161] Duan, W., Lang, Z., & Wen, Y. (2015). The effects of the sloping land conversion program on poverty alleviation in the wuling mountainous area of China. Small – scale Forestry, 14 (3), 331 – 350.

[162] Duguma, L. A. (2013). Financial analysis of agroforestry land uses and itsimplications for smallholder farmers livelihoodimprovement in Ethiopia. Agroforestry Systems 87, 217 – 231.

[163] Ellis F. (1998). Household strategies and rural livelihood diversification. J Dev Stud 35 (1): 1 – 38.

[164] Ellis F. (2000). Rural livelihoods and diversity in developing countries. Oxford, UK: Oxford University Press.

[165] Ellis F., Bahiigwa G. (2003a). Livelihoods and rural poverty reduction in Uganda. World Development, 31: 997 – 1013.

[166] Ellis F., Bahiigwa G. (2003b). Livelihoods and rural poverty reduction in Tanzania. World Development, 31: 1367 – 1384.

[167] Ellis, F. (2002). Rural livelihoods and diversity in developing countries. 1st ed. UK: Oxford University Press.

[168] Ellis, F. (2007). Household strategies and rural livelihood diversi-

fication. Journal of Development Studies, 35 (1), 1 – 38.

[169] Emma T. L. (2008). Adaptive livelihood strategies for coping with water scarcity in the drylands of central Tanzania. Physics and Chemistry of the Earth, 33: 775 – 779.

[170] Fang Y. P., Fan J., Shen M. Y., Song M. Q. (2014). Sensitivity of livelihood strategy to livelihood capital in mountain areas: Empirical analysis based on different settlements in the upper reaches of the Minjiang River, China. Ecological Indicators (38): 225 – 235.

[171] Fang, Y. P. (2013). The effects of natural capital protection on pastoralist's livelihood and management implication in the source region of the Yellow River, China. Journal of Mountain Science 10 (5), 885 – 897.

[172] Farrington J., Carney D., Ashley C., Turton C. (1999). Sustainable livelihood in practice: early application of concepts in rural areas. Natural Resource Perspectives, No. 42. London: Overseas Development Institute.

[173] Feng S. (2008). Land rental, off – farm employment and technical efficiency of farm households in Jiangxi Province, China. Njas – Wagen. J. Life Sc. 55 (4), 363 – 378.

[174] Frankenberger T. D., Drinkwater M., Maxwell M. (2000). Operationalizing household livelihood security: a holistic approach for addressing poverty and vulnerability. Siena: FAO.

[175] Frazier, A. E., Bryan, B. A., Buyantuev, A., Chen, L., Echeverria, C., & Jia, P., et al. (2019). Ecological civilization: perspectives from landscape ecology and landscape sustainability science. Landscape Ecology, 34 (1), 1 – 8.

[176] Galiani, S., Ernesto, S. (2010). Property rights for the poor: effects of land titling. J. Public Econ. 94, 700 – 729.

[177] Gao, G., Chen, D. L., Xu, C. Y., Simelton, E. (2007). Trend of estimated actual evapotranspiration over China during 1960 – 2002. J. Geophys. Res. V112 (D11120), 8.

[178] Ghose, M. K., & Roy, S. (2007). Contribution of small – scale mining to employment, development and sustainability – An Indian scenario. En-

vironment, Development and Sustainability 9, 283 – 303.

[179] Giddens, A. (1981). Central problems in social theory: action, structure, and contradiction in social analysis. American Journal of Sociology 74 (6), 188 – 189.

[180] Giddens A. (1979). Contemporary Problemsin Social Theory: Action, Structureand Contradictionin Social Analysis. Macmillan, London.

[181] Gilman J. (2000). Suatainable livelihoods. International Social-Science Journal, 17 (4): 77 – 86.

[182] Groom, B., Grosjean, P., Kontoleon, A., Swanson, T., & Zhang, S. Q. (2010). Relaxing rural constraints: A 'win – win' policy for poverty and environment in China? Oxford Economic Papers, 36 (6), 1021 – 1047. https://doi.org/10.2307/27784171.

[183] Grosjean, P., & Kontoleon, A. (2009). How sustainable are sustainable development programs? The case of the sloping land conversion program in China. World Development, 37 (1), 268 – 285. https://doi.org/10.1016/j.worlddev.2008.05.003.

[184] Guo, H. H., Li, B., Hou, Y., Lu, S. B., & Nan, B. (2014). Rural households' willingness to participate in the grain for green program again: a case study of Zhungeer, China. Forest Policy & Economics 44 (C), 42 – 49.

[185] Haan, L. D., & Zoomers, A. (2003). Development geography at the crossroads of livelihood and globalisation. Tijdschrift Voor Economische En Sociale Geografie, 94 (3), 350 – 362.

[186] Hadi Veisi, Houman Liaghati, Hassan Sadough Vaninee. (2014). Participatory assessment of the sustainability of livelihoods in the agroecosystem of Abesard, Iran. Sustain Sci, 9: 347 – 359.

[187] Hansen, M. H., Li, H., & Svarverud, R. (2018). Ecological civilization: interpreting the Chinese past, projecting the global future. Global Environmental Change, 53, 195 – 203.

[188] Hilson, G. (2010). 'Once a miner, always a miner': poverty and livelihood diversification in Akwatia, Ghana, J. Rural Stud. 26 (3), 296 – 307.

[189] Hoang, H. T. T., Vanacker, V., Rompaey, A. V., Vu, K. C., & An, T. N. (2014). Changing human – landscape interactions after development of tourism in the northern Vietnamese highlands. Anthropocene, 5, 42–51.

[190] Howe, G., Mckay, A. (2007). Combining quantitative and qualitative methodsin assessing chronic poverty: the case of Rwanda. World Development35, 197–211.

[191] Hu, F., Xu, Z. Y., & Chen, Y. Y. (2011). Circular migration, or permanent stay? Evidence from china's rural – urban migration. China Economic Review 22 (1), 64–74.

[192] Huang, J., Zhao, H., Liu, Y., & Yang, J. (2018). Assessing the impact of the sloping land conversion program on rural household income in the upper reaches of minjiang river, China. Journal of Resources and Ecology, 9 (5) 516–525. DOI: 10.5814/j. issn. 1674–764x. 2018. 05. 009.

[193] Huang, X. J., Huang, X., He, Y. b., & Yang, X. j. (2017). Assessment of livelihood vulnerability of land – lost farmers in urban fringes: a case study of Xi'an, China. Habitat International 59, 1–9.

[194] Hunsberger C. (2010). The politics of Jatropha – based biofuels in Kenya: convergence and divergence among NGOs, donors, government officials and farmers. J Peasant Stud, 37 (4): 939–962.

[195] Jia, X., Fu, B., Feng, X., Hou, G., Liu Y., Wang, X. (2014). The tradeoff and synergy between ecosystem services in the grain – for – green areas in northern Shaanxi, china. Ecological Indicators, 43, 103–113.

[196] Jiang, M. M., Chen, G. Q. (2006). Emergy analysis of Chinese society 1980–2004. Systems Ecology Reports. National Laboratory for Turbulence and Complex Systems, Peking University.

[197] Jonathan Gilman. (2000). Sustainable livelihoods. International Social Science Journal, 17 (4): 77–86.

[198] Jordan, G., Goenster – Jordan, S., Lamparter, G. J., Ulziisuren, B., Soninkishig, N., & Schlecht, E., et al. (2018). Water use in agro – pastoral livelihood systems within the bulgan river watershed of the Altay

mountains, western Mongolia. Agriculture Ecosystems & Environment, 251 (1), 180–193.

[199] Kamanga, P., Vedeld, P., Sjaastad, E. (2009). Forest incomes and rural livelihoods in Chiradzulu District, Malawi. Ecologicaleconomics 68, 613–624.

[200] Kibwage, J. K., Odondo, A. J., Momanyi, G. M. (2009). Assessment of livelihood assets and strategies amongtobacco and non tobacco growing households in south Nyanza region, Kenya. African Journal of Agricultural Research 4, 294–304.

[201] Komarek, A. M., Shi, X., & Heerink, N. (2014). Household-level effects of China's sloping land conversion program under price and policy shifts. Land Use Policy, 40, 36–44.

[202] Krantz L. (2001). The sustainable livelihood approach to poverty reduction. Swedish International Development Cooperation Agency: 42–98.

[203] Kruskal W. H., Wallis W. A. (1952). Use of ranks in one-criterion variance analysis. Journal of the American Statistical Association, 47 (12): 583–621.

[204] Kwai, B., & Hilson, G. (2010). Livelihood diversification and the expansion of artisanal mining in rural Tanzania: Drivers and policy implications. Outlook on Agriculture 39 (2), 141–147.

[205] Lee, M. J. (2005). Micro-econometrics for policy, program and treatment effects. Oxford University Press.

[206] Leonard, H. J. (1989). Environment and the poor: Development strategies for a common agenda. New Brunswick, NJ: Transaction Books.

[207] Li, C., Zheng, H., Li, S., Chen, X., Li, J., & Zeng, W., et al., 2015. Impacts of conservation and human development policy across stakeholders and scales. Proceedings of the National Academy of Sciences of the United States of America, 112 (24), 7396–7401.

[208] Li, E., Deng, Q., Zhou, Y. (2019). Livelihood resilience and the generative mechanism of rural households out of poverty: An empirical analysis from Lankao County, Henan Province, China. Journal of Rural Studies (In

press). https://doi.org/10.1016/j.jrurstud.2019.01.005.

[209] Li, M., Huo, X., Peng, C., Qiu, H., Shangguan, Z., & Cheng, C., et al. (2017). Complementary livelihood capital as a means to enhance adaptive capacity: a case of the loess plateau, china. Global Environmental Change, 47, 143-152.

[210] Li, Q., Amjath Babu, T. S., Sieber, S., Zander, P. (2018). Assessing divergent consequences of payments for ecosystem services on rural livelihoods: A case-study in China's Loess Hills. Land Degrad Dev., 29, 3549-3570.

[211] Li, Q., Liu, Z., Zander, P., Hermanns, T., & Wang, J. (2016). Does farmland conversion improve or impair household livelihood in smallholder agriculture system? a case study of grain for green project impacts in china's loess plateau. World Development Perspectives, 2, 43-54.

[212] Li, Y. R., Long, H. L., Liu, Y. S. (2015). Spatio-temporal pattern of China's rural development: a rurality index perspective. Journal of Rural Studies 38, 12-26.

[213] Liang, Y., Li, S., Feldman, M. W., & Daily, G. C. (2012). Does household composition matter? The impact of the grain for green program on rural livelihoods in china. Ecological Economics, 75, 152-160.

[214] Liu X. H. (1982). Energy transformity and natural resources ultilization in different agricultural areas of China. Natural Resources 4, 1-8.

[215] Liu X. P., Su X. F., Wang Y. J., Zhao Y., Huang Y. (2014). Review on spatial poverty and deprivation and its enlightenments to poverty geography studies in China. ARID LAND GEOGRAPHY, 37 (1): 144-152.

[216] Liu, J., Dietz, T., Carpenter, S. R., Alberti, M., Folke, C., & Moran, E., et al. (2007). Complexity of coupled human and natural systems. Science, 317 (5844), 1513.

[217] Liu, J. Y. (2014).. Ageing, migration and familial support in rural china. Geoforum 51 (51), 305-312.

[218] Liu, Y. S. (2018). Research on the urban-rural integration and rural revitalization in the new era in China. ACTA GEOGRAPHICA SINICA, 73

(4): 637 – 650 (in Chinese).

[219] Liu, Y. S., & Li, Y. H. (2017). Revitalize the world's countryside. Nature, 548 (7667), 275 – 277.

[220] Liu, Y. S., Chen, Y. F., & Long, H. L. (2011). Regional diversity of peasant household response to new countryside construction based on field survey in eastern coastal China. Journal of Geographical Sciences21 (5), 869 – 881.

[221] Liu, Y. S., Fang, F., Li, Y. H. (2014). Key issues of land use in China and implications for policy making. Land Use Policy 40, 6 – 12.

[222] Liu, Y. S., Liu, J. L., & Zhou, Y. (2017). Spatio – temporal patterns of rural poverty in China and targeted poverty alleviation strategies. Journal of Rural Studies, 52, 66 – 75.

[223] Liu, Y. S., Zhou Y., Liu J. L. (2016). Regional Differentiation Characteristics of Rural Poverty and Targeted Poverty Alleviation Strategy in China. Chinese Academic Journal, (3), 269 – 278 (in Chinese).

[224] Liu, Z., Lan, J. (2015). The sloping land conversion program in China: effect on the livelihood diversification of rural households. World Development 70 (C), 147 – 161.

[225] Liu, Z. X., Liu, L. M. (2016). Characteristics and driving factors of rural livelihood transition in the east coastal region of China: A case study of suburban Shanghai. Journal of Rural Studies 43, 145 – 158.

[226] Long, H. L. (2014) a. Land use policy in China: introduction. Land Use Policy 40, 1 – 5.

[227] Long, H. L. (2014) b. Land consolidation: an indispensable way of spatial restructuring in rural china. Journal of Geographical Sciences 24 (2), 211 – 225.

[228] Long, H. L., Li, Y. R., Liu, Y. S., Woods, M., & Jian, Z. (2012). Accelerated restructuring in rural china fueled by 'increasing vs. decreasing balance' land – use policy for dealing with hollowed villages. Land Use Policy, 29 (1), 11 – 22.

[229] Long, H. L., Liu, Y. S., Li, X. B., & Chen, Y. F. (2010).

Building new countryside in China: a geographical perspective. Land Use Policy 27 (2), 457 – 470.

[230] Long, H. L., Woods, M. (2011). Rural restructuring under globalization in eastern coastal China: What can we learn from Wales? J. Rural Community Dev. 6, 70 – 94.

[231] Long, H. L., Zou, J., Pykett, J., & Li, Y. R. (2011). Analysis of rural transformation development in china since the turn of the new millennium. Applied Geography 31 (3), 1094 – 1105.

[232] Lu, J. X., & Lora – Wainwright, A. (2014). Historicizing sustainable livelihoods: a pathways approach to lead mining in rural central china. World Development 62 (C), 189 – 200.

[233] Maconachie, R. (2011). Re – agrarianising livelihoods in post – conflict Sierra Leone? Mineral wealth and rural change in artisanal and small – scale mining communities. Journal of International Development 23 (8), 1054 – 1067.

[234] Mahdi, Shivakoti, G. P., Vogt D. S. (2009). Livelihood Change and Livelihood Sustainability in the Uplandsof Lembang Subwatershed, West Sumatra, Indonesia, in a Changing Natural Resource Management Context. Environmental Management 43, 84 – 99.

[235] Mattison, E. H. A., & Norris, K. (2005). Bridging the gaps between agricultural policy, land – use and biodiversity. Trends in Ecology & Evolution 20 (11), 610 – 616.

[236] Mbaiwa, J. E. (2011). Changes on traditional livelihood activities and lifestyles caused by tourism development in the Okavango delta, Botswana. Tourism Management, 32 (5), 1050 – 1060.

[237] Mcintyre, N., Bulovic, N., Cane, I., & Mckenna, P. (2016). A multi – disciplinary approach to understanding the impacts of mines on traditional uses of water in northern Mongolia. Science of the Total Environment, s 557 – 558, 404 – 414.

[238] McLennan, B., & Garvin, T. (2012). Intra – regional variation in land use and livelihood change during a forest transition in Costa Rica's dry North West. Land Use Policy29, 119 – 130.

[239] Miller, H. (2011). Agriculture and artisanal gold mining in Sierra Leone: alternatives or complements?. Journal of International Development, 23 (8), 1080-1099.

[240] Montgomery, S. C., Martin, R. J., Guppy, C., Wright, G. C., & Tighe, M. K. (2017). Farmer knowledge and perception of production constraints in northwest Cambodia. Journal of Rural Studies, 56, 12-20.

[241] Mullan, K., Grosjean, P., Kontoleon, A. (2011). Land tenure arrangements and rural-urban migration in China. World Development 39 (1), 123-133.

[242] Mushongah, J., Scoones, I. (2012). Livelihood change in rural Zimbabwe over 20 years. Journal of Development Studies 48 (9): 1-17.

[243] Nakakaawa, C., Moll, R., Vedeld, P., Sjaastad, E., & Cavanagh, J. (2015). Collaborative resource management and rural livelihoods around protected areas: a case study of Mount Elgon National Park, Uganda. Forest Policy & Economics, 57, 1-11.

[244] Noordwijk, V. M. (2019). Integrated natural resource management as pathway to poverty reduction: Innovating practices, institutions and policies. Agricultural Systems, 172, 60-71.

[245] Neefjes K. (2000). Environments and livelihoods: strategies for sustainability [R]. Oxford: Oxfam.

[246] NREL (2011). National Renewable Energy Laboratory. <http://www.nrel.gov/gis/mapsearch/>.

[247] Odum H. T. (1983). Self-organization, transformity and information. Science, 1132-1139.

[248] Odum H. T., Odum E. C. (1981). Energy basis of man and nature. New York: McGraw-Hill.

[249] Odum, H. T. (1996). Environmental Accounting, Emergy and Environmental Decision Making. John Wiley, NY p. 370.

[250] Odum, H. T., Brown, M. T., Williams, S. B. (2000). Handbook of Emergy Evaluation: A Compendium of Data for Emergy Computation Issued in a Series of Folios. Folio#1 - Introduction and Global Budget. Center for

Environmental Policy, Gainesville, FL.

[251] Odum, H. T., Odum, E. P. (2000). The energetic basis for valuation of ecosystem services. Ecosystems 3, 21-23.

[252] Palacios M. R., Huber-Sannwald E., Barrios L. G., et al. (2013). Landscape diversity in a rural territory: Emerging land use mosaics coupled to livelihood diversification. Land Use Policy, 30 (1): 814-824.

[253] Radel, C., Schmook, B., Chowdhury, R. R. (2010). Agricultural livelihood transition in the southern Yucatan region: diverging paths and their accompanying land changes. Regional Environmental Change 10 (3), 205-218.

[254] Reed M. S. (2013). Combining analytical frameworks to assess livelihood vulnerability to climate change and analyse adaptation options. Ecological Economics 94, 66-77.

[255] Regen, T. (1984). Earthbounk: New Introduction Essays in Environmental Ethics, Random House, P270-274.

[256] Rounsevell MDA, Dawson T. P., Harrison P. A. (2010). A conceptual framework to assess the effects of environmental change on ecosystem services. Biodivers Conserv 19 (10): 2823-2842.

[257] Rozelle, S. (2005). Grain for green: cost-effectiveness and sustainability of china's conservation set-aside program. Land Economics, 81 (2), 247-264.

[258] Salafsky, N., & Wollenberg, E. (2000). Linking livelihoods and conservation: a conceptual framework and scale for assessing the integration of human needs and biodiversity. World Development, 28 (8), 1421-1438.

[259] Salayo, N. D., Perez, M. L., Garces, L. R., & Pido, M. D. (2012). Mariculture development and livelihood diversification in the philippines. Marine Policy, 36 (4), 867-881.

[260] Sanfo, S. & Gérard, F. (2012). Public policies for rural poverty alleviation: the case of agricultural households in the plateau central area of Burkina Faso. Agricultural Systems, 110, 1-9.

[261] Sayatham, M., & Suhardiman, D. (2015). Hydropower resettlement and livelihood adaptation: the nam mang 3 project in Laos. Water Re-

sources & Rural Development, 5, 17-30.

[262] Scoones, I. (1998). Sustainable rural livelihoods: a framework for analysis. 1st ed. Brighton: Institute of Development Studies.

[263] Sen A. K. (1997). Editorial: human capital and human capability. World Development, 25 (12): 1959-1961.

[264] Sharp K. (2003). Measuring Destitution: Integrating Qualitative and Quantitative Approaches the Analysis of Survey Data, IDS Working Paper 217.

[265] Sherbinin, A. D., Vanwey, L., Mcsweeney, K., Aggarwal, R., Barbieri, A., & Henry, S., et al. (2008). Rural household demographics, livelihoods and the environment. Global Environmental Change, 18 (1), 38-53.

[266] Siciliano, G. (2012). Urbanization strategies, rural development and land use changesin China: a multiple-level integrated assessment. Land Use Policy 29, 165-178.

[267] Sidhu, M. K., Ravindra, K., Mor, S., & John, S. (2017). Household air pollution from various types of rural kitchens and its exposure assessment. Science of the Total Environment, 586, 419.

[268] Small, L. A. (2007). The sustainable rural livelihoods approach: a critical review. Canadian Journal of Development Studies 28, 27-38.

[269] Soltani, A., Angelsen, A., Eid, T., Naieni, M. S. N., Shamekhi, T. (2012). Poverty, sustainability, and household livelihood strategies in Zagros, Iran. Ecological Economics 79, 60-70.

[270] Speranza C. I. (2014). An indicator framework for assessing livelihood resilience in thecontext of social-ecological dynamics. Global Environmental Change 28: 109-119.

[271] Su, R., Cheng, J., Chen, D., Bai, Y., Hua, J., & Chao, L., et al. (2017). Effects of grazing on spatiotemporal variations in community structure and ecosystem function on the grasslands of Inner Mongolia, China. Scientific Reports, 7 (1), 40.

[272] Sun T. S., Li B., Song X. Y., Hou Y., Guo H. H. (2010).

Factor Analysis of Ecosystem Services Value in Huang fu – chuan Basin. BMEI, 16 – 18 Oct. 2010 Page (s): 2405 – 2409.

[273] Sunderlin, W. D., Angelsen, A., Belcher, B., Burgers, P., Nasi, R., Santoso, L., Wunder, S. (2005). Livelihoods, forests, and conservation indeveloping countries: an overview. World Development33 (9), 1383 – 1402.

[274] Tang, C., Wu, X., Zheng, Q., & Lyu, N. (2018). Ecological security evaluations of the tourism industry in ecological conservation development areas: a case study of Beijing's ECDA. Journal of Cleaner Production, 197, 999 – 1010.

[275] Tang, Q., Bennett, S., Xu, Y., Li, Y. (2013). Agricultural practices and sustainable livelihoods: Rural transformation within the Loess Plateau, China. Applied Geography 41, 15 – 23.

[276] Tesfaye, Y., Roos, A., Campbell, B. M., Bohlin, F. (2011). Livelihood strategies and the role of forest income in participatory – managed forestsof Dodola area in the bale highlands, southern Ethiopia. Forest Policy and Economics13, 258 – 265.

[277] Tian, Q., Guo, L., & Zheng, L. (2016). Urbanization and rural livelihoods: a case study from Jiangxi province, china. Journal of Rural Studies 47, 577 – 587.

[278] Tu, S., Long, H., Zhang, Y., Ge, D., Qu, Y. (2018). Rural restructuring at village level under rapid urbanization in metropolitan suburbs of China and its implications for innovations in land use policy. Habitat International, 77, 143 – 152.

[279] Turner BL, Matson P, McCarthy JJ, Corell RW, Christensen L, Eckley N, Hovelsrud – Broda G, Kasperson JX, Kasperson RE, Luers A, Martello S, Mathiesen ML, Naylor R, Polsky C, Pulsipher, Schiller A (2003). A framework for vulnerability analysis in sustainability science. Proc Nat Acad Sci 100: 8074 – 8079.

[280] Treacy, P., Jagger, P., Song, C., Zhang, Q., & Bilsborrow, R. E. (2018). Impacts of China's grain for green program on migration

and household income. Environmental Management, 62, 489-499.

[281] Ulgiati, S., Brown, M. T. (1998). Monitoring patterns of sustainability in natural and man-made ecosystems. Ecological Modelling 108, 23-36.

[282] Ulrich, A., Speranza, C. I., Roden, P., Kiteme, B., Wiesmann, U., & Nüsser, M. (2012). Small-scale farming in semi-arid areas: livelihood dynamics between 1997 and 2010 in Laikipia, Kenya. Journal of Rural Studies 28 (3), 241-251.

[283] Veisi H., Liaghati H., Vaninee H. S. (2014). Participatory assessment of the sustainability of livelihoods in the agroecosystem of Abesard, Iran. Sustain Sci, 9: 347-359.

[284] Wang A. M., Liu Y., Gao X. (1992). Study on the regional differences between the agricultural and stockbreeding and their coupling in Hexi area. Economic geography, 22: 49-53.

[285] Wang C. (2018). An Analysis of Rural Household Livelihood Change and the Regional Effect in a Western Impoverished Mountainous Area of China. Sustainability, 2018, 10 (1738), 1-17. doi: 10.3390/su10061738.

[286] Wang C., Ouyang H., Maclaren V. (2007). Evaluation of the Economic and Environmental Impact of Converting Cropland to Forest: A Case Study in Dunhua County, China. Journal of Environmental Management, 2007, 85 (3): 746-756.

[287] Wang S. G. (2010). New rural cooperatives and rural economical transition. Journal of Peking University (Philosophy and Social Sciences) 47 (3), 112-117 (in Chinese).

[288] Wang, J., Brown, D. G., & Agrawal, A. (2013). Climate adaptation, local institutions, and rural livelihoods: a comparative study of herder communities in Mongolia and inner mongolia, china. Global Environmental Change, 23 (6), 1673-1683.

[289] Wang, M., Webber, M., Finlayson, B., & Barnett, J. (2008). Rural industries and water pollution in china. Journal of Environmental Management, 86 (4), 648.

[290] Wang, W., Jin, J., He, R., & Gong, H. (2017). Gender differences in pesticide use knowledge, risk awareness and practices in Chinese farmers. Science of the Total Environment, s 590–591, 22–28.

[291] Ward, C. D., & Shackleton, C. M. (2016). Natural resource use, incomes, and poverty along the rural–urban continuum of two medium–sized, South African towns. World Development, 78, 80–93.

[292] Wooldridge, J. (2009). Introductory Econometrics: A Modern Approach (Fourth Edition). Cengage Learning.

[293] World Bank. (1992). World development report 1992: Development and theenvironment. New York: Oxford University Press.

[294] Wu, Y., Liu, J., Shen, R., & Fu, B. (2017). Mitigation of nonpoint source pollution in rural areas: from control to synergies of multi ecosystem services. Science of the Total Environment, s 607–608, 1376–1380.

[295] Wu, Z. L., Li, B., & Hou, Y. (2017). Adaptive choice of livelihood patterns in rural households in a farm–pastoral zone: a case study in Jungar, Inner Mongolia. Land Use Policy (62): 361–375.

[296] Xie X. X., Zhang S. Q., Zhu S. T. (2010). Impacts of Sloping Land Conversion Programon on Households Sustainable Livelihood. Acta Scientiarum Naturalium Universitatis Pekinensis, 46 (3): 457–464.

[297] Xu, G. C., Kang, M. Y., Jiang, Y. (2012). Adaptation to the policy–oriented livelihood change in Xilingol grassland, northern China. Procedia Environmental Sciences 13, 1668–1683.

[298] Xu Z., Bennet M. T., Tao R. (2004). China's Sloping Land Conversion Program Four Years on Current Situation and Pending Issues. International Forestry Review, 6 (3–4): 317–326.

[299] Xu, Z., Wei, H., Fan, W., Wang, X., Huang, B. (2018). Energy modeling simulation of changes in ecosystem services before and after the implementation of a Grain–for–Green program on the Loess Plateau—A case study of the Zhifanggou valley in Ansai County, Shaanxi Province, China. Ecosystem Services, 31, 32–43.

[300] Xu, Z. G., Xu, J. T., Deng, X. Z., Huang, J. K., Uchida,

E., Rozelle, S. (2006). Grain for green versus grain: conflict between food security and conservation set-aside in China. World Development 34 (1), 130-148.

[301] Yang, J., Xu, X., Liu, M., Xu, C., Zhang, Y., & Luo, W., et al. (2017). Effects of "grain for green" program on soil hydrologic functions in karst landscapes, southwestern china. Agriculture, Ecosystems & Environment, 247, 120-129.

[302] Ye, L., Fang, L., Shi, Z., Deng, L., & Tan, W. (2019). Spatio-temporal dynamics of soil moisture driven by 'grain for green' program on the loess plateau, china. Agriculture, Ecosystems & Environment, 269, 204-214.

[303] Yin, R., & Yin, G. (2010). China's primary programs of terrestrial ecosystem restoration: Initiation, implementation, and challenges. Environmental Management, 45 (3), 429-441. https://doi.org/10.1007/s00267-009-9373-x.

[304] Zhang L. X., Yang Z. F., Chen G. Q. (2007). Emergy analysis of cropping-grazing system in Inner Mongolia Autonomous Region, China. Energy Policy, (35): 3843-3855.

[305] Zhang, Q., Bilsborrow, R. E., Song, C., Tao, S., & Huang, Q. (2018). Determinants of out-migration in rural china: effects of payments for ecosystem services. Population and Environment, 40 (2), 182-203.

[306] Zhang, Z. N., & Wu, X. G. (2016). Occupational segregation and earnings inequality: rural migrants and local workers in urban china. Social Science Research 61, 57-74.

[307] Zhao, A., Zhang, A., Lu, C., Wang, D., Wang, H., & Liu, H. (2017). Spatiotemporal variation of vegetation coverage before and after implementation of grain for green program in loess plateau, china. Ecological Engineering, 104, 13-22.

[308] Zhao, J., & Barry, P. (2013). Implications of different income diversification indexes: The case of rural China. Economics and Business Letters, 2 (1), 13-20.

[309] Zhen, N. H., Fu, B. J., Lü, Y. H., Zheng, Z. M. (2014). Changes of livelihood due to land use shifts: A case study of Yanchang County in the Loess Plateau of China. Land Use Policy 40, 28-35.

[310] Zheng, H., Robinson, B. E., Liang, Y. C., Polasky, S., Ma, D. C., & Wang, F. C., et al. (2013). Benefits, costs, and livelihood implications of a regional payment for ecosystem service program. Proceedings of the National Academy of Sciences of the United States of America, 110 (41), 16681-6.

[311] Zhou Y., Guo L. Y., Liu Y. S. (2019). Land consolidation boosting poverty alleviation in China: Theory and practice. Land Use Policy, 82, 339-348.

[312] Zimmerman, M. A. (1990). Taking aim on empowerment research: on the distinction between individual and psychological conceptions. American Journal of Community Psychology, 18 (1), 169-177.

后　　记

　　本书是在作者博士论文基础上修改完成。本书的完成得到了北京师范大学和江西财经大学的许多老师、同学、好友的支持和帮助，以此后记作为对过去的总结，并以此作为起点开启对未来的展望。

　　博士四年光景，犹如白驹过隙，蓦然回首，已是恍如隔世。读博路上，不乏坎坷辛酸、困惑彷徨，而勉而行百炼淘沙，只知岁月积淀，余下坚韧笃定、厚重有容，无畏世事纷纭，养得胸中一股恬静。诚挚地感谢各位师、友的陪伴、支持和激励：

　　首先，感谢导师李波教授数年如一日地悉心指导、关怀与照顾。春风化雨润物无声，李老师严谨认真、一丝不苟的治学精神，举重若轻、自信从容的工作作风，虚怀若谷、宽厚待人的生活态度，无不深深影响着我的成长。感谢李老师的大力支持，让我得以在国家自然科学基金和博士点基金项目等前期工作的基础上，传承、积累，并进一步深入农户生计与农村发展转型的研究工作。从论文选题、构思、写作、修改、完善，无不倾注着李老师的大量心血，正是由于李老师的谆谆教导，我的毕业论文才得以顺利完成。同时，还要感谢师母杨孝琼老师无微不至、贴心体己的关爱、照顾。

　　感谢北京师范大学地理科学学部所有领导和老师四年来对我的关怀和帮助。感谢张新时院士、刘彦随院士、唐海萍老师、金建君老师、姜广辉老师、董孝斌老师、黄永梅老师、张锦水老师、董满宇老师、周涛老师和毛睿老师等人，传道解惑，使我获益良多。感谢中国农业大学刘黎明老师、中科院地理所王传胜老师和首都经济与贸易大学彭文英老师百忙之中抽身参加我的毕业论文答辩，这也是对我莫大的鼓励！同时，特别感谢硕导杨子生老师对我一贯的支持、鼓励和帮助！感激杨老师远在云南高原的那份惦念和挂怀!

感谢同门师兄孙特生、余中元、郭欢欢、侯鹰、卢书兵、王波、栾庆组,师妹南箔、李海英、代旭焕、马聆萧、毕旭、毕海洋、杨琳琳,师弟范垚、杨子寒等人的相互支持、协同共进;感谢同窗好友付奇、王国义、蒋志云等13级博士班所有同学的陪伴;感谢314室友王亚安、谭沉艳、梁屹、范科科的支持与帮助。感谢热情善良的准格尔旗农户和政府部门的积极配合和鼎力支持,感谢研究小组早期参与农户调研的师兄师姐们。

最后,感谢江西财经大学及各位同事给予我的支持与帮助,感谢博士后合作导师谢花林教授的信任和知遇之恩,犹如海之灯塔,引领我扬帆起航,开始新的征程。路漫漫其修远兮,吾将上下而求索。在学术海洋,唯有力求更新、多作建树,方能贡献国家、服务社会、不负诸位师友。

邬志龙
2019年5月于江西财经大学蛟桥园